*FREUD
VIDA E OBRA*

CARLOS ESTEVAM

FREUD
VIDA E OBRA

22ª reimpressão
2ª edição

©Carlos Estevam
Edição de Texto: Ingrid Basílio
Copidesque: Lucia Wataghin
Revisão: Fábio Gonçalves/Rosa Mettifogo
Produção gráfica: Katia Halbe
Diagramação: Solange A. Causin
Capa: Claudio Rosas

Dados Internacionais de Catalogação na Publicação (CIP)
(Câmara Brasileira do Livro, SP, Brasil)
Estevam, Carlos
Freud: vida e obra/Carlos Estevam. — 2. ed.
Rio de Janeiro: Paz e Terra, 1995.
1. Freud, Sigmund, 1856-1943 I. Título.

95-1095   CDD-150.195092

Índices para catálogo sistemático
1. Psicanalistas: Biografia e obra   150.195092

EDITORA PAZ E TERRA S/A
Rua do Triunfo, 177
Santa Ifigênia, São Paulo, SP – CEP 01212-010
Tel.: (011) 3337-8399
Rua General Venâncio Flores, 305 – Sala 904
22441090 – Rio de Janeiro – RJ
Tel.: (021) 2512-8744
E-mail:vendas@pazeterra.com.br
Home Page:www.pazeterra.com.br

2002
Impresso no Brasil/*Printed in Brazil*

Este livro foi escrito para ser lido por qualquer pessoa que esteja interessada em conhecer as idéias de Freud. Ele procura tornar fáceis coisas que para muita gente parecem difíceis e procura simplificar coisas que muita gente se esforça por tornar complicadas. Este livro é, assim, fácil de ler e de entender.

Mas será que as idéias de Freud são assim tão fáceis e simples? Não são. Mas, com um pouco de boa vontade, qualquer cientista pode explicá-las de modo que pessoas, mesmo as que não são cientistas, possam compreendê-las. Foi isso que tentamos fazer aqui. Mas não pense o leitor que este livro é uma obra de divulgação como muitas que são escritas sem nenhuma seriedade, dando uma idéia deformada e falsa das teorias que estão expondo. No fundo, essas obras são antieducativas, pois não contribuem para desenvolver no leitor o hábito de pensar de uma maneira científica. Este livro, ao contrário, além de ser simples e fácil, é também um livro educativo. Nele o leitor não encontrará todas as idéias de Freud, pois logicamente isso seria impossível numa primeira introdução, porém todas as idéias aqui expostas são as verdadeiras idéias de Freud, sem deturpação ou falsificação.

Na exposição e na organização do material procuramos reproduzir a orientação de uma obra clássica: O método psicanalítico e a doutrina de Freud, *de Roland Dalbiez. Além do próprio Freud, outros autores foram também consultados para elaboração deste livro, não sendo necessário, contudo, citá-los aqui. Para a segurança científica de leitores e para os professores que pensem em adotar este livro nos trabalhos didáticos de suas cadeiras, é suficiente saber que a obra que têm em mãos pode ser definida como sendo uma espécie de versão popular do ensaio de Dalbiez.*

O Autor

Índice

Primeira Parte
As Idéias de Freud   9

As partes da alma   11
Os processos psíquicos   12
Consciente e inconsciente   14
Recalque e sublimação   21

A vida de todos os dias   31
Um hábito inocente   31
Uma brincadeira inocente   33
Um esquecimento inocente   37

A vida noturna: os sonhos   43
O que o sonho não é   44
O sentido dos sonhos   46
O método das associações   48
O que é o sonho   54
E o pesadelo?   60
Os mecanismos do sonho   64

O sexo   69
O sexual e o genital   69
A evolução sexual   72

O complexo de Édipo	81
O complexo de castração	89
Neuroses e Psicoses	93
A causa da neurose	96
A cura da neurose	102
A histeria	113
Considerações finais	117

Segunda Parte
As Idéias de Freud   119

A vida de Freud	121
O começo	122
O fim	126

PRIMEIRA PARTE
AS IDÉIAS DE FREUD

As partes da alma

Ao longo deste livro faremos o estudo das idéias de Freud sobre a alma humana. À primeira vista, isso talvez pareça mais complicado do que na verdade é. Tudo depende de irmos caminhando sem pressa e só darmos o segundo passo depois de termos toda a certeza de que estamos firmes sobre o terreno percorrido. Feita essa advertência, podemos começar seguros de que a viagem, embora longa, será proveitosa.

Como o que vamos estudar é a alma humana, a melhor maneira de entrarmos diretamente no assunto talvez seja a de perguntarmos: quais são as partes em que se divide a alma?

Entretanto, se fizéssemos esta pergunta a Freud, seria muito provável que ele não nos respondesse imediatamente. Podemos supor que, em primeiro lugar, ele procuraria corrigir a nossa maneira de falar. A palavra "alma" lhe causaria uma reação muito parecida com a que sentiríamos se alguém chamasse o nosso quarto de "alcova" ou o nosso terno de "fato". Por uma razão ou por outra, essas palavras são termos que acabaram ficando fora de moda e hoje ninguém mais as usa, a não ser em circunstâncias muito especiais. A mesma coisa aconteceu com a palavra alma: só em certas circunstâncias tem sentido usá-la, como acontece, por exemplo, quando estamos discutindo sobre religião.

Para que possamos nos entender, diria Freud, é muito melhor usarmos a palavra *psiquismo,* em vez da palavra alma. Toda vez que falamos em *alma,* pensamos sempre em uma entidade que existe separada do nosso corpo, que continua vivendo depois que nosso corpo morre e é capaz de ir para o céu ou para o inferno. Freud, da mesma forma que qualquer outro psicólogo, não está interessado em tratar desses problemas, pois acha que quem deve explicar a alma é a religião e não a psicologia. Para os psicólogos o que interessa é saber como funciona o psiquismo, o que acontece conosco enquanto estamos vivos e não o que vai acontecer depois que morrermos. Assim sendo, deixemos a alma de lado e perguntemos a Freud quais são as partes que constituem o nosso psiquismo.

Os processos psíquicos

Há uma grande quantidade de coisas que fazem parte do psiquismo. Por exemplo: todas as sensações que experimentamos através dos nossos sentidos, como as cores, os odores, os sons etc. Além das sensações, existem em nosso psiquismo as idéias que concebemos. Quando pensamos que dois mais três é igual a cinco ou que o calor faz a água ferver, isso acontece graças ao funcionamento do nosso psiquismo, que produz essas idéias e estabelece essas relações entre elas: quando juntamos a idéia de calor com a idéia da água e com a idéia de ferver e dizemos que o calor faz a água ferver, estamos realizando uma operação mental chamada juízo. Essas idéias e esses juízos, assim como os raciocínios mais complicados que fazemos quando relacionamos uma série de juízos para demonstrar alguma coisa a alguém, todos estes são elementos que fazem parte do nosso psiquismo.

Há ainda muito mais: existem ainda em nosso psiquismo todas as emoções e todos os sentimentos que experimentamos quando acontece alguma coisa que nos agrada ou que nos desagrada: podemos sentir tristeza ou alegria, amor ou ódio, medo ou coragem, simpatia ou cólera, ansiedade ou tranqüilidade. Além disso, podemos querer ou não querer alguma coisa; podemos agir voluntariamente, contrariando nossos desejos, e conseguimos assim forçar nosso corpo a ir trabalhar quando o desejo que sentimos é, por exemplo, o de ir à praia. Isso quer dizer que além de emoções e sentimentos, existe em nosso psiquismo uma coisa chamada vontade e outra coisa chamada desejo: às vezes, a vontade e o desejo podem estar de acordo, outras vezes estão em desacordo e aí entram em luta. Já vimos que, em nosso psiquismo, existem relações quando falamos sobre as combinações entre as idéias. Agora estamos vendo que nele existem relações de um outro tipo que se estabelecem quando uma parte entra em conflito e trava uma luta com outra parte.

Será que esquecemos de enumerar alguma parte importante do psiquismo? Ao fazermos esta pergunta nos lembramos de alguma coisa e isso é possível porque em nosso psiquismo existe a memória graças à qual conseguimos recordar coisas que estavam esquecidas e que chamamos lembranças. A memória e as lembranças dizem respeito aos fatos que já aconteceram e que reproduzimos em nosso psiquismo. Quando, ao contrário, fico pensando no que aconteceria se eu fosse presidente da república, o que passa a funcionar no meu psiquismo é a imaginação, que faz desfilar diante de mim uma série de imagens relativas a coisas que não estão presentes.

Como vemos, o nosso psiquismo está constituído por uma grande variedade de elementos. Além desses há muitos e muitos outros, mas se fôssemos fazer a lista completa, não acabaríamos tão cedo. Para simplificar as coisas, faremos o seguinte: vamos chamar de processos mentais ou processos psíquicos a todos esses elementos que descrevemos acima. Desse modo, as sensações, as idéias, as emoções, as imagens, assim como todas as outras partes do psiquismo que por falta de tempo não mencionamos, serão chamadas por nós de processos psíquicos.

O que é, então, o psiquismo? É o conjunto formado pelos processos psíquicos. Ele é, assim, diferente do corpo e diferente da alma. O fato de o estômago digerir os alimentos ou o fato de o coração impulsionar o sangue são processos que fazem parte do corpo, são processos somáticos. O fato de a alma sobreviver à morte ou o fato de a alma ir para o céu são processos que fazem parte da alma; são, digamos, processos metafísicos.

Consciente e inconsciente

Agora que já sabemos quais são as características dos processos psíquicos que formam o psiquismo, podemos perguntar a Freud: qual é a estrutura do psiquismo? Supondo-se que o psiquismo funcione como se fosse um aparelho, é importante sabermos que espécie de aparelho é esse. Ou seja, quais são as partes fundamentais desse aparelho e como é que elas se relacionam entre si.

Se Freud quisesse explicar isso da maneira mais simples e clara, talvez fizesse o seguinte mapa:

Antes de compreendermos qual é o significado geral do gráfico acima, é preciso que saibamos o que que-

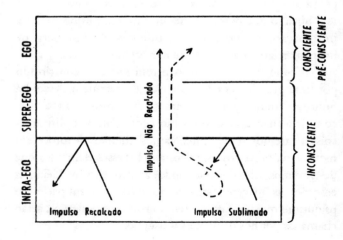

rem dizer as palavras *consciente, pré-consciente* e *inconsciente*, que aparecem agora pela primeira vez, mas que, daqui por diante, serão usadas com grande freqüência. É consciente todo processo psíquico de que tomamos conhecimento num dado momento. Estou trabalhando, compenetrado no meu serviço, e de repente me recordo que amanhã é dia de pagamento: esta idéia passou a ocupar o meu espírito, tornou-se consciente e permanecerá consciente enquanto eu continuar pensando nela. Suponhamos agora que eu pare de pensar que amanhã é dia de pagamento e passe a pensar em outra coisa. Que aconteceu com a idéia do pagamento amanhã? Foi-se embora. Mas embora para onde? Para fora de mim? Não. Ela apenas voltou para o lugar de onde tinha vindo. Antes de eu ter pensado nela, é claro que ela já estava no meu espírito, pois é claro que eu já sabia que o pagamento seria amanhã: apenas não estava pensando nisso no momento em que a idéia tornou-se consciente. Nenhuma pessoa consegue pensar, ao mesmo tempo, em todas as idéias que tem dentro de seu espírito: temos de pensar em uma de cada vez.

Que acontece então com os processos psíquicos que não são conscientes num certo momento? A consciência é como se fosse uma pequena lanterna num quarto escuro: o objeto que ela está iluminando torna-se consciente, pode ser visto por mim, e os outros objetos que ela não está iluminando tornam-se pré-conscientes, ficam mergulhados na obscuridade e não podem ser vistos, naquele momento. O pré-consciente está constituído, assim, pelos processos psíquicos que momentaneamente desapareceram do campo iluminado pela consciência.

Agora, entretanto, é que vem o mais importante: esses processos que se tornaram pré-conscientes podem voltar a ser conscientes outra vez. Basta eu querer e isso acontecerá. Quando quiser posso voltar a pensar que amanhã é dia de pagamento. Basta que eu vire a lanterna na direção dessa idéia e pronto: ela volta e torna-se consciente. Posso mandá-la embora e posso fazê-la voltar quantas vezes quiser. Esta característica é de importância decisiva, porque é ela que define o pré-consciente. O pré-consciente está formado pelos processos psíquicos que podemos tornar conscientes espontânea e voluntariamente, sempre que tivermos necessidade.

E o inconsciente? Justamente o contrário: são inconscientes os processos psíquicos que não podem ser evocados voluntariamente. Quando algo se torna inconsciente não adianta apenas querer que ele deixe de ser inconsciente para tornar-se consciente. Para conseguir isso é preciso usar técnicas especiais, técnicas mais poderosas do que a força de vontade, como por exemplo, o hipnotismo, a sugestão ou a psicanálise.

Ainda teremos muito o que dizer sobre o inconsciente. Antes disso é melhor voltarmos ao mapa que havíamos traçado para representar o aparelho psíquico. O leitor já sabe o que quer dizer consciente, pré-consciente e inconsciente. Concluo então que já sabe também o que quer dizer o *ego*. Basta olhar no gráfico: o ego está formado pelos processos psíquicos conscientes e pelos processos psíquicos pré-conscientes. Em parte, na verdade, isso é o ego. Mas dá-se, entretanto, que o ego não é apenas isso. Vejamos então o que ele é realmente.

Em primeiro lugar é bom lembrar que ego quer dizer eu. Quando digo por exemplo: eu estou pensando que amanhã é dia de pagamento, quem está pensando isso sou eu, é o ego. Simples, não? O ego sou eu. Mas a coisa deixa de ser simples e se torna incrivelmente complicada quando nos lembramos do seguinte fato corriqueiro: as crianças quando começam a falar não dizem: eu quero banana, ou eu vou dormir. Muito ao contrário, elas dizem: Verinha quer banana ou Beto vai dormir. Por que não dizem *eu?*

Simplesmente porque não adquiriram ainda uma personalidade própria: ainda não têm ego e por isso não dizem *eu*. Esse fato é da maior importância para nós, pois nos mostra que, para chegarmos a compreender o que é ego, temos de saber antes por que razão não nascemos com o ego que hoje temos. Em outras palavras, temos de saber como surge o ego ou o que existe antes de existir o ego. De onde surge o ego?

O ego surge daquilo que, no gráfico, está situado abaixo dele, ou seja, o infra-ego e o super-ego. Esses dois, combinados, dão como resultado o ego. Portanto, quando soubermos o que é o infra-ego e o que é o super-ego, saberemos finalmente o que é o ego.

Comecemos pelo infra-ego. Em primeiro lugar, é preciso dizer que esse não é o seu único nome. Freud e outros psicólogos costumam dar-lhe uma série de outros nomes, como, por exemplo, o *primitivo* ou o *isso*. O infra-ego é o *isso*. Nós preferimos chamá-lo de infra-ego porque achamos que talvez seja mais fácil entender o pensamento de Freud graças ao jogo de palavras formado pelas expressões ego, super-ego e infra-ego. Mas se o leitor quiser, pode chamá-lo de *isso*. Vejamos, então, o que é o *isso*.

Suponhamos que um funcionário resolva não ligar mais para as implicâncias de seu chefe. Toda vez que o chefe procura irritá-lo, ele faz um esforço para se conter e não responder às provocações. Quanto menos ele reage, mais o chefe abusa. Até que um dia ele não agüenta mais e estoura. Se, depois de passado o estouro, nós lhe perguntássemos: você não disse que ia se conter? Certamente ele responderia: não pude, *isso* é mais forte do que eu.

Não há quem não tenha vivido esse tipo de experiência. Todos nós já sentimos alguma vez que existe qualquer coisa em nós que nos impulsiona a realizar uma ação contra nossa vontade consciente. Pois bem. Todos esses impulsos poderosos que não conseguimos controlar e que parecem vir do fundo de nosso psiquismo são os processos psíquicos que constituem o infra-ego.

Vejamos um outro exemplo de um impulso partindo do infra-ego. Um homem chamado Alfredo está dentro de um elevador sozinho com uma mulher que ele nunca viu antes, mas que o excita extraordinariamente.

De repente, sente um desejo louco de abraçá-la e de bei-já-la. O desejo é tão forte que Alfredo pressente que não conseguirá se controlar. Mas, quando ele já está a ponto de se precipitar sobre a mulher, o elevador faz uma parada e entra mais um passageiro. Imediatamente, Alfredo se recompõe, volta a se controlar, recupera sua atitude normal. Continua excitado pela mulher, mas sente que não tentará mais se precipitar sobre ela. O elevador chega ao térreo e a viagem termina sem qualquer incidente.

A história termina aqui, mas, se observarmos bem, veremos que ela não está completa. Há um ponto que não foi explicado, exatamente o mais importante: quem era o sujeito que entrou no elevador?

Recordemos a situação. Alfredo já ia se lançar sobre a mulher quando entrou um sujeito misterioso que conseguiu dominá-lo completamente, sem fazer nada, só pelo fato de estar presente. Quem era esse sujeito tão poderoso? Recapitulemos: Alfredo sentiu um impulso sexual muito forte; o impulso sexual, como sabemos, vem do infra-ego; isso que dizer que Alfredo estava sendo dominado pelo infra-ego; de repente, entra em cena um sujeito, e Alfredo consegue dominar o infra-ego. Pergunta: quem era o sujeito que entrou em cena? Ou seja, quem é que é capaz de dominar o infra-ego? Resposta: o super-ego. Quando o super-ego entrou em cena, o infra-ego foi dominado. E quem é o super-ego? O super-ego é a sociedade, é a moral, é a educação; o super-ego é formado pelos hábitos e costumes sociais que a Sociedade nos inculca desde que nascemos, pela educação que nos vai sendo imposta por nossos pais, parentes, amigos, professores, chefes etc.

A essa altura, o leitor poderá estar com uma dúvida. Olhando no gráfico vemos que o super-ego representa uma parte do nosso aparelho psíquico, mas, por outro lado, no exemplo do elevador, o super-ego é representado pelo sujeito que entrou, forçando Alfredo a se controlar. Afinal de contas, perguntará o leitor, o super-ego está dentro de nós ou fora de nós? A resposta é simples: está dentro; mas vem de fora. Para compreender esse fato temos de voltar ao exemplo das crianças que não se referem a si mesmas na primeira pessoa e sim na terceira: "Verinha quer banana".

As crianças se comportam como se no seu aparelho psíquico só existisse o infra-ego. Elas são uns "demônios" que se metem a fazer tudo o que lhes vem à cabeça. Se uma criança quer pegar um objeto, ela simplesmente estica o braço e o pega, quando não quer mais, joga fora, pouco lhe importando saber se o objeto é de louça e pode quebrar ou quanto foi que custou. Se uma criança quer urinar, ela simplesmente urina, esteja onde estiver. As crianças são como o infra-ego. Só querem fazer aquilo que lhes dá satisfação: o que orienta o seu comportamento é o princípio do prazer e não o princípio da realidade e das conveniências sociais.

Imaginemos o caso de um menino que fosse crescendo solto no meio de uma floresta, sem ter contato com nenhuma outra pessoa. É evidente que ele passaria a se comportar como um animal. E se todas as crianças do mundo fossem educadas assim, sem receber nenhuma educação? Ninguém tem dúvida de que o mundo se transformaria numa verdadeira selva: cada um procuraria satisfazer seus apetites egoístas sem obedecer a nenhuma regra; os instintos de cada um (ou seja, o infra-ego de cada um) estariam livres de qualquer repressão, e a vida seria uma luta de vida e de morte entre os instintos mais baixos da humanidade.

O que faz a sociedade para evitar isso? Ela procura fazer com que os homens se tornem civilizados. A sociedade educa os seus membros e, assim agindo, consegue torná-los aptos para o convívio social.

Em outras palavras, poderíamos dizer que a sociedade faz com que cada um dos seus membros adquira um super-ego. Como? Por meio da educação que cada um de nós receba em casa, na escola, no trabalho e em cada uma das circunstâncias da vida. Vivendo e aprendendo, vamos formando nossa consciência moral, vamos formando nosso super-ego. O super-ego é a sociedade dentro de nós.

Freud deu o nome de introjeção a esse processo psíquico por meio do qual nosso super-ego é formado. Introjeção quer dizer injetar, ou seja, tomar algo que está fora e inculcá-lo dentro de nós. O mecanismo de introjeção é assim um mecanismo de internalização, é o ato pelo qual nós incorporamos ao nosso psíquismo aquilo que é próprio do psiquismo dos outros. A introjeção transforma o que é exterior em interior. Quando o pai diz ao filho: o banheiro é que é o lugar de urinar, ele está enunciando uma regra de conduta que existe na cabeça dele, mas não existe na cabeça do filho. Na opinião do filho, qualquer lugar é lugar de urinar: ele tanto urina na cama como na sala ou no banheiro. Basta que lhe dê vontade e ele urina, pois como ainda não está educado, só obedece aos instintos provenientes do infra-ego. Contudo, o pai continua insistindo, e a criança vai sendo educada, até que chegará o dia em que o filho pensará da mesma forma que o pai: urinar só no banheiro. Quando isso acontecer, é sinal de que houve a introjeção, funcionou o mecanismo por meio do qual internalizamos as convicções morais vigentes em nosso meio.

Qual é o oposto da introjeção? É a externalização dos impulsos provenientes do infra-ego. Se as crianças só agissem segundo seus instintos, se não existisse nenhum freio contendo as manifestações dos apetites egoístas, então só haveria externalização e não existiria no mundo nem a moralidade nem a imoralidade. O infra-ego não é nem moral nem imoral: ele é amoral. Para ele a Moralidade pura e simplesmente não existe. No infra-ego estão localizados os nossos desejos, tendências e instintos mais primitivos. Não tem sentido perguntarmos se uma criança de dois meses é moral ou imoral, pois ela ignora a existência da moral e age apenas em virtude de seus instintos mais profundos. O infra-ego desconhece todas as convenções sociais. A única coisa que orienta o seu comportamento, o único fim que ele procura incessantemente realizar é a satisfação imediata das necessidades orgânicas e psicológicas. Nenhum argumento pode fazê-lo retroceder; ele é bestial e ao mesmo tempo infantil, é insensível à lógica e ao bom senso, não reconhece nenhum dos valores espirituais, é totalmente irresponsável e primitivo. Só há uma força capaz de dominá-lo. Fora de nós, essa força chama-se sociedade; dentro de nós, ela se chama super-ego.

Agora que já sabemos o que é o infra-ego e o que é o super-ego, já estamos em condições de saber o que é o ego. Voltemos ao exemplo do elevador. Quando Alfredo quer se lançar sobre a mulher, o que está predominando em seu psiquismo é o infra-ego. Quando a presença de uma outra pessoa faz com que ele se recorde de que tem o dever moral de se controlar, o que passa a predominar em seu psiquismo é o super-ego. Quando ele sai do elevador sentindo-se, ao mesmo tempo, excitado e controlado, o que está predominando em seu psiquismo é o ego. O ego é o resultado de uma luta.

A cada minuto, a cada segundo, está se travando dentro de nós o conflito incessante entre o infra-ego e o super-ego. À medida que essa luta se desenvolve (ela começa desde nossa infância), vai-se verificando o surgimento do nosso ego, vamos sentindo que nosso eu está se formando, começamos a perceber que temos uma personalidade própria e passamos a usar a palavra eu todas as vezes que queremos nos referir a nós mesmos. Nosso ego é o nosso infra-ego disciplinado, melhorado, educado, civilizado, graças à ação do nosso super-ego.

Recalque e sublimação

Chegamos assim ao último ponto, ao ponto mais importante desse capítulo. Vamos agora tentar compreender um dos aspectos mais delicados da teoria do aparelho psíquico. Chegou o momento em que entrarão em cena os personagens principais do drama humano: o *recalque* e a *sublimação*.

Para compreendê-los, temos de, em primeiro lugar, modificar nossa maneira de olhar o gráfico do aparelho psíquico. Até aqui podíamos olhar para o gráfico como se ele fosse uma fotografia ou uma pintura representando um aparelho que estivesse parado. Agora temos de vê-lo como se fosse um filme representando um aparelho em funcionamento, o psiquismo em ação. O que o leitor assistirá daqui em diante será o desenrolar de uma ação em que forças ou tendências psíquicas se enfrentarão umas às outras, cada qual procurando dominar suas antagonistas, ou lutando frente a frente, ou procurando obter a vitória por meio de uma série de manobras e estratagemas capazes de ludibriar o adversário. Daqui em diante, até o final do livro, todos os processos psíquicos terão de ser vistos dinamicamente, em luta constante, tal como Freud os via.

Nossos impulsos instintivos são grosseiros e chocantes. Os ímpetos de agressividade, os sentimentos de ódio contra tudo o que se opõe aos nossos desejos, os impulsos sexuais violentos e brutais transformam o homem num ser animalesco e intolerável. A necessidade de viver em sociedade, a necessidade de conviver com os outros homens, nos obriga a adotar uma das duas seguintes atitudes: ou bloqueamos e impedimos a exteriorização dos impulsos vindos do infra-ego ou então adotamos uma segunda alternativa e transformamos esses instintos baixos e animalescos em ações boas e moralmente elevadas, em ações compatíveis com as necessidades da convivência social. A primeira solução chama-se ato de recalcar, recalcamento ou, simplesmente, *recalque*. A segunda solução chama-se o ato de sublimar ou a *sublimação*. Recalque e sublimação são assim os dois processos psíquicos de que lançamos mão para dominar os instintos egoístas do infra-ego.

Qual é o mecanismo do recalque? Como conseguimos realizar o ato de recalcar? O super-ego é o encarregado de realizar esse trabalho. É ele que faz a seleção e a repressão de nossos impulsos instintivos. Para compreendermos esse fenômeno de uma forma bem simples, podemos imaginar a seguinte comparação: suponhamos que a nossa vida inconsciente está separada de nossa vida consciente, assim como o Brasil está separado do Uruguai. Se algum elemento que está no infra-ego deseja ir para o ego, ou seja, se algum impulso inconsciente deseja tornar-se consciente, ele terá de passar pela fronteira que separa o inconsciente do consciente, da mesma forma que se um uruguaio deseja vir ao Brasil terá de passar pela fronteira que separa o Brasil do Uruguai. O super-ego é a fronteira que existe em nosso psiquismo. Em toda fronteira há sempre um posto policial, chamado barreira, situado na estrada que liga um país ao outro. A barreira que existe em nosso psiquismo chama-se *censura*.

Suponhamos que um uruguaio pretenda ingressar no Brasil. Ele vem trafegando pela estrada que liga o Uruguai ao Brasil até que, em determinado ponto, encontra a barreira. Os guardas da barreira obrigam-no a parar e começam a realizar seu trabalho. Examinam todos os documentos do uruguaio para verificar se, de acordo com as leis do Brasil, aquele uruguaio tem o direito de entrar em nosso país. A seguir, examinam toda a bagagem a fim de verificar se o uruguaio não estará transportando objetos e mercadorias que, segundo a lei, estão proibidos de entrar no Brasil. Se depois de todas as averiguações os guardas constatam que os papéis e as bagagens estão em ordem, resolvem então deixar o estrangeiro passar.

Mas se o estrangeiro, em vez de ser um cidadão comum, é um assassino perigoso ou um contrabandista profissional? Nesse caso os guardas da barreira têm a obrigação de impedir a sua passagem. Um criminoso é um elemento indesejável, e a barreira existe exatamente para não deixar que ele penetre no país. Se não fosse a barreira, ele entraria na hora que quisesse, e isso nos traria uma série de distúrbios e inconveniências que precisam ser evitadas. O que fazem então os guardas? Barram a passagem, não deixam o criminoso entrar, fazem com que ele volte para o lugar de onde veio. Em outras palavras, podemos dizer que os guardas *recalcam* o elemento indesejável. Recalcar significa obrigar os elementos indesejáveis a voltarem para o lugar de onde vieram.

Continuando com a comparação, podemos dizer que as leis do país representam o super-ego; os guardas da barreira representam a censura; a repressão aos criminosos representa o ato de recalcar, mediante o qual os impulsos inconscientes que querem se tornar conscientes, mas que são condenáveis do ponto de vista das convicções do super-ego, são obrigados a regressar, são obrigados a continuar onde estavam e, portanto, não conseguem tornar-se conscientes.

No lado esquerdo do gráfico, vemos uma seta indicando o que acontece com o impulso que quer se manifestar, mas esbarra na barreira da censura e, não conseguindo passar para a vida consciente, regressa para o inconsciente e se transforma assim num impulso recalcado. Por exemplo: estou numa loja e, de repente, me vem o impulso de roubar um objeto. Se os guardas da censura estiverem atentos, o que acontecerá? O impulso será recalcado e não roubarei o objeto. Outro exemplo: estou numa rua e me vem o desejo de falar a uma moça. Mas receio que ela não me receba bem e me vire as costas. Sinto que ficaria envergonhado e humilhado se isso acontecesse. Sinto medo de falar com a moça e resolvo então recalcar aquele desejo. Suponhamos, agora, que isso seja uma coisa que me acontece freqüentemente e todas as vezes que quero me dirigir a uma moça acabo recalcando o impulso. Nesse caso, o mesmo tipo de impulso será recalcado muitas e muitas vezes: sempre que ele tenta se manifestar eu o impeço e o recalco. Resultado: forma-se um *complexo*. Complexo quer dizer conjunto. É o conjunto formado por aqueles desejos recalcados e pelas emoções dolorosas que senti todas as vezes que recalquei meus impulsos. Uma vez formado, o complexo passa a agir poderosamente. Todas as vezes que me encontrar em uma situação difícil, que me obrigue a lançar mão de todos os recursos de minha personalidade, o complexo lá estará me atrapalhando. Dificilmente conseguirei resolver a situação por causa dos distúrbios que o complexo produzirá em mim: em vez de manter a cabeça fria para encontrar uma saída, experimentarei sentimentos de inferioridade, crises de ansiedade, obsessões e estados angustiantes de toda espécie.

Acabamos de ver o que significa a seta situada no lado esquerdo do gráfico. Na parte do centro, existe outra seta indicando a trajetória de um impulso que, partindo do inconsciente, consegue chegar ao seu destino final, consegue transformar-se em estado de espírito consciente. O gráfico mostra, portanto, o que acontece quando um determinado impulso é considerado legítimo, depois de julgado pela censura do super-ego. Quando o impulso inconsciente é considerado positivo pelo fato de não contrariar nenhuma das convicções do super-ego, as portas da barreira da censura se abrem para deixá-lo passar, e ele segue seu caminho, conseguindo assim manifestar-se na vida consciente.

Resta-nos agora explicar o significado da terceira seta, aquela que se encontra no outro lado do gráfico. Que quer dizer uma seta que tenta passar pelo super-ego, esbarra de encontro a ele retorna ao lugar de origem e volta a insistir outra vez, conseguindo passar finalmente? O leitor deve se recordar do que dissemos algumas páginas atrás. Dissemos que duas coisas podem acontecer aos impulsos negativos e condenáveis que vêm do inconsciente. Esses impulsos ou são recalcados, ou são *sublima-*

dos. A terceira seta representa precisamente esse último caso: a *sublimação*.

Voltemos ao exemplo do criminoso uruguaio que queira passar para o Brasil, mas foi barrado na fronteira e acabou sendo recalcado de volta ao Uruguai. Suponhamos agora que ele não se conformasse com isso e dissesse: "eu vou tentar de novo e vou passar de *qualquer maneira*". Que faria ele? Teria de inventar uma estratégia qualquer para burlar a vigilância dos guardas. Poderia, por exemplo, disfarçar-se de padre. Compraria uma batina, falsificaria seus documentos, colocaria nas malas umas imagens de santos ou outro objeto qualquer que os padres costumam carregar quando viajam e pronto: retomaria outra vez a estrada que vai para o Brasil. Quando chegasse à barreira, o que aconteceria? Os guardas repetiriam a mesma operação de sempre: examinariam os documentos e a bagagem para ver se o estrangeiro podia passar. Como no Brasil não existe nenhuma lei proibindo a entrada dos padres, uma vez que se pensa que os padres não podem fazer mal a ninguém, os guardas abririam as portas da barreira e deixariam passar o falso padre pensando que ele fosse um padre de verdade. E até mesmo o criminoso podia estar tão bem disfarçado que os guardas, vendo aquele homem com aparência de tanta santidade, nem quisessem ter o trabalho de examinar os documentos e a bagagem: o criminoso podia passar sem nem sequer ser incomodado, tão bem disfarçado ele estava.

Façanhas como essa são feitas todos os dias por nossos impulsos malignos. Não podendo ser admitidos tal como são, eles fingem que são outra coisa, disfarçam-se de personagens inocentes e inofensivos e conseguem assim se manifestar na vida consciente do ego, sem que o ego ou as outras pessoas consigam descobrir sua verdadeira identidade. Aí está o que quer dizer a palavra *sublimação*.

O fato de que isso aconteça é um bem ou — um mal? É um bem, declara Freud. A maior parte das grandes vidas e dos grandes feitos ocorridos na história da humanidade só foram possíveis graças à sublimação. Os grandes artistas, os grandes cientistas, os grandes líderes políticos, todas as personalidades que conseguiriam se erguer acima da média e se tornaram figuras de projeção graças ao talento e à tenacidade que revelaram na realização dos projetos mais extraordinários e audaciosos, todos os grandes homens foram, com freqüência, homens cujos instintos não se manifestaram tal como eram, não procuraram apenas se satisfazer de forma direta e imediata e, em vez disso, sublimaram-se, deixaram de ser instintos egoístas e sequiosos, transformaram-se em forças positivas de grande valor social.

O caso do menino Félix, cliente do dr. Moll, é um bom exemplo de sublimação do instinto sexual. Desde a idade de cinco anos, Félix sentia uma grande excitação todas as vezes em que presenciava (ou ouvia contar) cenas de repreensões, surras e castigos. Se visse uma criança sendo espancada pelos pais não sentia medo: ao contrário, gostava de ver, sentia-se bem quando via.

Quando chegou aos nove anos, o jogo que mais o divertia era brincar de guerra; passava horas e horas fazendo seus soldadinhos de chumbo lutarem contra o exército inimigo. Brincava sozinho, usando como soldados e armas qualquer objeto que estivesse à mão: fósforos, pedaços de papel, caixas etc. A partir dessa idade começou a ler com grande prazer histórias de guerras em que eram descritos, de forma minuciosa, combates complicados entre divisões, brigadas e regimentos. Qualquer pessoa se aborreceria imensamente se tivesse de ler aquelas descrições detalhadas, que eram para Félix a coisa mais divertida do mundo. Aos 11 anos, Félix passou a desenhar os jogos de guerra. Traçava no papel os territórios e as fronteiras, desenhava fortalezas e estradas de ferro, as tropas em posição de combate etc. Quando fazia esses desenhos, Félix sentia um prazer muito parecido com aquilo que experimentava ao ver cenas de surras e castigos. Na verdade, diz o dr. Moll, Félix era um sádico.

Às vezes, bastava-lhe apenas desenhar uma estrada ou uma cidade num território que ia ser conquistado e logo sentia grande excitação e prazer. De fato, ao chegar aos 13 anos, Félix começou a observar que os jogos de guerra e as cenas de castigos provocavam-lhe a ereção do pênis. Com o passar do tempo, o sadismo de Félix foi se tornando cada vez mais espiritualizado. Para ficar excitado, era-lhe suficiente, por exemplo, imaginar uma pequena ilha que ia crescendo: o mar ia se afastando e a ilha ficava cada vez maior, até que se tornava tão grande quanto um continente. Na escola, nenhum aluno podia competir com ele em história. As questões de estratégia militar e os movimentos de expansão dos povos lhe interessavam profundamente. Félix estudava por prazer, ao passo que os colegas estudavam por obrigação. Vemos assim de que modo o instinto sexual que não é satisfeito diretamente pode transformar-se numa fonte de energia capaz de impulsionar um grande desenvolvimento da inteligência. Se Félix não fosse um pervertido sexual acometido de sadismo dificilmente teria sido capaz de aprofundar a tal ponto sua cultura histórica. A sublimação se realizou completamente depois que as ereções desapareceram, depois que Félix tomou gosto pelo próprio estudo da história e passou a estudar pelo prazer de estudar e não para sentir as manifestações sexuais.

O caso de Félix nos mostra o poder da sublimação. Quem se admiraria se, mais tarde, ele viesse a se tornar um grande general ou um grande historiador? As tendências afetivas, originadas no inconsciente, produzem resultados que a vontade consciente jamais conseguiria. Nós fazemos as coisas malfeitas quando agimos sem paixão. Quando uma força afetiva está nos impulsionando, podemos ir muito mais longe do que iríamos se estivéssemos impelidos apenas pela vontade. O caso de Félix mostra como o sadismo lhe aguçava as funções psíquicas, aumentava a atenção, facilitava a retenção na memória e a capacidade de recordação. Graças à sublimação, a energia sexual se transforma em energia psíquica de um tipo superior. Essa tese foi exposta por Freud mais ou menos nos seguintes termos: uma tendência humana se apresenta muito intensificada quando incorporou a si, a fim de se fortificar, forças sexuais instintivas, da mesma forma que um pequeno riacho pode ser engrossado extraordinariamente pelas águas de um rio caudaloso. Pode assim acontecer que um homem se dedique ao seu trabalho com o mesmo entusiasmo apaixonado com que outras pessoas se dedicam aos seus amores, pois o trabalho pode representar para ele o que o amor representa para os outros, ou seja, um modo de dar expansão ao seu instinto sexual. A sublimação é essa capacidade que tem o instinto sexual de renunciar ao seu objetivo imediato em troca de outros objetivos não-sexuais e mais apreciados pela sociedade.

Antes de encerrarmos este capítulo, convém recordar a observação que fizemos anteriormente, quando dizíamos que era preciso considerar o nosso gráfico como se fosse um filme em movimento e não uma fotografia parada. Se assim fizermos, veremos que a imagem do guarda da fronteira não é suficiente para representar o mecanismo da censura. A força que impede uma idéia ou um sentimento de passar do estado inconsciente ao estado consciente não é um guarda de fronteira situado entre o inconsciente e o consciente. Ao contrário, essa força que recalca é constituída pelo grupo de idéias e sentimentos que se opõe a outro grupo de idéias e sentimentos que são recalcados por serem contrários às convicções da consciência moral.

A vida de todos os dias

No capítulo anterior, procuramos dar uma visão panorâmica da doutrina de Freud. Foi como se tivéssemos tomado um avião para apreciar com um só golpe de vista a extensão do território que agora teremos de percorrer a pé, passo a passo. Tivemos uma visão do conjunto e agora passaremos a estudar cada uma das partes importantes desse conjunto. Como faremos essa segunda etapa de nossa viagem?

Começaremos pelo mais simples, pelo fatos mais corriqueiros que constituem nossa experiência de todos os dias. À medida que formos avançando, iremos estudar fenômenos cada vez mais complicados e menos corriqueiros, até chegarmos ao estudo dos casos de distúrbios psicológicos graves, que não experimentamos na nossa vida cotidiana. Em outras palavras, será o seguinte o roteiro de nossa viagem: 1. os atos da vida cotidiana; 2. os sonhos; 3. o sexo; 4. as neuroses; 5. as psicoses. Depois de chegarmos ao fim desse roteiro, daremos um pequeno passeio por outra região e veremos o que foi, em linhas gerais, a vida de Freud.

Um hábito inocente

Uma das obras de Freud, intitulada *A psicopatologia da vida cotidiana*, destina-se justamente a examinar os fatos que nos acontecem todos os dias e aos quais, em geral, não atribuímos nenhuma importância. A cada momento cometemos pequenos erros sem importância, pequenos esquecimentos de fatos insignificantes, pequenas falhas de comportamento que ocorrem quando queremos fazer uma coisa e fazemos outra, em vez de dizer uma certa palavra, pronunciamos outra que não tinha nada a ver com o assunto. Quando cometemos qualquer um desses pequenos equívocos, geralmente achamos que deve ser por acaso que isso acontece: não perdemos tempo para procurar saber por que razão esquecemos o nome de uma rua ou por que razão deixamos cair no chão um objeto que estávamos segurando. Deve ser por acaso, pensamos, e não nos incomodamos mais com o assunto.

Freud, entretanto, pensava de forma diferente e foi parando para pensar nesses pequenos incidentes que acabou descobrindo que tais fatos não ocorrem por acaso, sem que não haja explicação alguma para sua existência. Para Freud, esses pequenos acontecimentos têm sempre uma razão de ser. Não são fatos sem sentido, *insignificantes*. Ao contrário, eles sempre têm um certo sentido, são *fatos significantes*, pois sempre estão querendo dizer algo sobre nossa vida íntima: eles revelam o que está se passando em nosso inconsciente. Tais fatos são, portanto, sinais que revelam tendências afetivas que estão ocultas dentro de nós; são efeitos produzidos por causas inconscientes. Muitas vezes é até fácil descobrir imediatamente por qual motivo cometemos um certo deslize; outras vezes é dificílimo descobrir a causa, e nesses casos só poderemos encontrá-la se usarmos a técnica especial, descoberta por Freud, chamada técnica associativa. Antes de chegarmos até aí, examinemos alguns exemplos bem simples.

Todos nós temos certos hábitos que não fazem mal a ninguém. Uns têm a mania de assobiar uma música, outros gostam de ficar alisando o bigode, outros ficam horas brincando com os botões da roupa. São simples gestos maquinais, diria o leitor; mas esses gestos devem ter um significado na vida de quem os faz, responderia

Freud. Por exemplo: um escritor francês chamado Rousseau tinha o seguinte hábito maquinal: toda vez que ia passar por uma certa rua instintivamente atravessava sempre pelo mesmo lado. Mesmo que tivesse de andar mais e perder mais tempo, nunca passava pelo outro lado. Todo escritor tem suas manias e Rousseau tinha essa. Mas por quê? Ele próprio não sabia por que; apenas sentia alguma coisa que o impelia a só passar por aquele lado, nunca tinha vontade de passar pelo lado oposto — em outras palavras, Rousseau não tinha consciência da causa desse fato. Era, portanto, uma *causa inconsciente* que estava atuando e produzindo aquele efeito. Só depois de muito meditar e refletir sobre o caso foi que Rousseau descobriu a causa; e só então ela tornou-se consciente. Eis a explicação do fato: havia um mendigo de aspecto muito repugnante que fazia ponto no lado da rua que Rousseau evitava. O nojo que sentia pelo mendigo fazia com que ele, inconscientemente, procurasse passar o mais longe possível. Como Rousseau não podia confessar a si mesmo que tinha nojo de um ser humano, seu psiquismo funcionava de modo a esconder-lhe essa fraqueza. Sentia nojo inconscientemente e só depois de muito se esforçar é que tomou consciência desse fato e da relação que havia entre o que sentia no íntimo e o que fazia quando passava por aquela rua. O fato exterior era assim um sinal, um efeito do processo psíquico interior, mas Rousseau não tinha consciência da relação entre os dois.

Uma brincadeira inocente

Vejamos agora um outro exemplo em que é mais difícil encontrar a razão de ser do nosso comportamento. Já vimos que, quando não é fácil descobrir a causa, é preciso usar a técnica especial chamada técnica associativa. No caso que vamos contar teremos de usar essa técnica.

Um estudante chamado Pedro, que estava sofrendo de neurastenia, contou certa vez o seguinte episódio a seu médico. Quando tinha nove anos, durante as férias que passou no campo, Pedro inventou um estranho brinquedo. Fazia de conta que uma tábua que tinha um pequeno buraco era um matadouro: Pedro pegava uma porção de gafanhotos e os decapitava sobre a tábua, cortando suas cabeças por meio de uma pedra bem afiada. Depois ele chupava os gafanhotos como quem chupa cana e às vezes comia as patas. Quando acabava de fazer isso, dava sumiço nos restos dos gafanhotos, enfiando-os pelo buraco da tábua. Na época em que se divertia com esse passatempo, Pedro era uma criança como as outras, perfeitamente normal. Por que motivo se comportava dessa maneira? Será que ele tinha consciência do significado dessa brincadeira? Não. Ele brincava assim porque isso lhe agradava, mas não sabia por que. A causa era inconsciente.

Para descobri-la, o médico resolveu adotar a técnica associativa, que consiste em fazer com que o paciente vá dizendo o que lhe vem à cabeça quando o médico lhe faz uma certa pergunta ou pronuncia uma certa palavra. Por exemplo: o médico escolheu a palavra "gafanhoto" e perguntou a Pedro o que essa palavra lhe lembrava. O que Pedro tinha de fazer era simplesmente ir dizendo que idéias ou que recordações surgiam em seu espírito ao ouvir a palavra gafanhoto. Pois bem: essa palavra fazia Pedro se lembrar da cor verde, ao ouvi-la ele pensava em verde, ou seja, a idéia de gafanhoto estava associada à idéia do verde, no espírito de Pedro. Naturalmente o médico escolheu a palavra gafanhoto devido ao fato de que Pedro jamais fazia aquela brincadeira com outro bicho. Também era natural que a idéia de gafanhoto lembrasse a Pedro a cor verde, uma vez que gafanhotos são verdes. O que talvez não seria natural era se só bichos verdes pudessem servir para a brincadeira. Por que razão Pedro só brincava com gafanhotos, ou seja, com bichos verdes?

Pensando nesse problema, o médico perguntou então a Pedro o que lhe lembrava a cor verde. Quando ouviu a palavra verde, Pedro recordou-se de um professor por quem sentia profunda aversão. Antes mesmo de ser seu aluno, Pedro já o detestava, pois o professor representava para ele uma pessoa a quem teria de obedecer. Quando ainda não o tinha conhecido, Pedro já o odiava e pensava que ele devia ser verde.

Outra associação que Pedro fazia era a seguinte: "Comer gafanhotos" lhe recordava uma passagem do evangelho que conta como São João Batista vivia no deserto alimentando-se de gafanhotos. Outra associação: São João Batista lhe lembrava uma pessoa muito forte e cheia de energia, tal como ele vira num quadro em que o santo aparecia sozinho no deserto, alto como um gigante e forte como um atleta. No espírito de Pedro, a idéia de São João Batista estava associada à idéia de força e de poder.

Passemos agora à interpretação dessas associações de idéias. Por que razão esses fatos estão ligados uns aos outros no espírito de Pedro?

Antes de respondermos a essa pergunta, façamos uma outra: por que razão uma criança brinca de andar a cavalo montada num simples cabo de vassoura? A criança faz isso geralmente por imitação: ela deve ter visto um filme de mocinho ou lido uma história em quadrinhos, onde aparece um herói montado a cavalo e matando os bandidos. A brincadeira do cabo de vassoura satisfaz o desejo da criança de se identificar com o seu herói favorito. Não podendo ser igual ao mocinho, ela o imita, fingindo que é ele. Montada no cabo de vassoura a criança está bancando o mocinho. Pois bem. Era exatamente isso o que Pedro fazia ao comer gafanhotos. Pedro estava bancando o mocinho, com a única diferença de que o mocinho de Pedro era São João Batista, que não andava a cavalo, mas era forte e poderoso no deserto, porque comia gafanhotos. Pedro queria fingir que era um homem tão formidável e forte como São João Batista e por isso fazia como ele.

Nossa interpretação caminhou bem até aqui, mas, como o leitor já deve ter observado, ela está incompleta. Falta explicar o fato mais importante: está certo que Pedro queria se sentir um homem forte, mas por que razão ele queria isso? E por que razão seu desejo foi tão intenso durante aquelas férias, a ponto de fazer com que ele inventasse o estranho brinquedo dos gafanhotos? Por que não nem antes, nem depois, mas exatamente durante aquelas férias?

Eis o que Pedro contou. "Eu era uma criança tímida e medrosa e só me sentia feliz ao lado de minha mãe. Vivia agarrado às suas saias. Meu pai me inspirava pavor; tinha medo dele e do professor a quem eu também detestava. Durante as férias eu me livraria do professor e do meu pai e podia ficar todo o tempo com minha mãe. Entretanto, naquelas férias meu pai ficou doente e isso prendia minha mãe à sua cabeceira. Tive de ficar privado de minha mãe justamente nas férias e foi então que inventei o brinquedo dos gafanhotos."

Essas novas associações, graças às quais Pedro conseguiu reviver as lembranças de acontecimentos esquecidos, esclarecem a parte mais importante do caso de Pedro. O significado do brinquedo aparece agora com clareza. Durante as férias, Pedro teria ocasião de monopolizar todas as atenções maternas, substituindo assim o lugar normalmente ocupado pelo pai. A súbita doença do pai, impedindo a realização desse desejo inconsciente, fez com que Pedro inventasse algo para compensar essa frustração. O brinquedo era uma *fantasia compensadora,* que tornava real o que a realidade havia lhe negado. O bicho verde que ele matava era o símbolo do inimigo que o separava de sua mãe. Quais eram os seus inimigos, quais eram os indivíduos que ele detestava, os indivíduos verdes? Fora de casa era o professor, em casa era o pai. Durante as férias passadas fora de casa, ele se livraria dos dois inimigos. Mas a doença do pai impediu a realização desse desejo. Pedro então passou as férias matando os seres verdes. Matava e depois comia os gafanhotos a fim de se sentir mais forte e poderoso do que o professor e o pai, como o era São João Batista.

A interpretação das associações espontâneas nos levou assim a compreender o significado do comportamento de Pedro. Freud julgava ser possível conhecer o que as pessoas ocultam sem lançar mão da hipnose, apenas observando o que elas dizem ou deixam entrever. Eis o que Freud dizia: "Quem tem olhos para ver e ouvidos para ouvir, se convence que os mortais não podem ocultar nenhum segredo. Aquele que não fala com os lábios, fala com a ponta dos dedos; nós nos traímos por todos os poros. Por isso é perfeitamente realizável a tarefa de tornar conscientes as partes mais íntimas do nosso psiquismo."

Um esquecimento inocente

Examinaremos agora um outro caso em que o esquecimento de uma palavra é explicado graças a uma série de associações. Certa vez, um amigo de um médico chamado Dr. Frink perguntou-lhe o nome de uma loja que vendia determinado produto. O Dr. Frink, embora conhecesse muito bem aquela loja, não conseguiu se lembrar do nome. Fez o maior esforço que pôde, mas o nome não lhe veio à memória.

Fatos como esse ocorrem conosco todos os dias. Embora o normal seja nos recordarmos dos nomes que conhecemos bem, não costumamos considerar anormal o fato de não conseguirmos lembrar um desses nomes. Em geral, quando esquecemos uma palavra dizemos que estamos com a memória fraca. Pensamos que a lembrança daquela palavra ficou enfraquecida, como acontece quando somos apresentados a uma pessoa e, deixando de vê-la durante muito tempo, acabamos esquecendo seu nome. Para Freud, essa explicação pode ser aceita em certos casos, mas não em todos. Às vezes, a causa que explica o esquecimento é a existência de uma luta entre forças psíquicas opostas. Certos esquecimentos, que Freud chama de "esquecimentos ativos", acontecem porque a força da memória, que nos permite recordar de algum fato, não consegue entrar em ação porque foi paralisada por uma outra força que visa impedir o aparecimento daquela lembrança: uma força procura recordar, outra força procura esquecer. Quando a segunda força vence a primeira, nossa memória não consegue funcionar.

Foi isso que aconteceu com o Dr. Frink. Esforçou-se para recordar o nome da loja e não conseguiu, não porque não soubesse mais o nome daquela loja (ele sabia muito bem qual era o nome), mas porque alguma coisa dentro dele o impedia de recordar-se. Alguns dias depois, passando na rua em que ficava a loja, viu que o nome que havia esquecido era *lago*. Voltando para casa, resolveu fazer sua própria psicanálise, isto é, resolveu analisar seu esquecimento para descobrir-lhe a causa. Para isso lançou mão do método de associações de idéias que já conhecemos.

Deitou-se num sofá e fixou sua atenção sobre a palavra *lago*. Ao pensar em lago, veio-lhe ao espírito a lembrança de um velho amigo chamado *Dr. Lago,* quer era o *artilheiro* de uma equipe de futebol. A seguir, surgiu outra lembrança: o *lago Indiano,* no qual ia pescar quando era criança. Recordou-se então de uma cena em que estava jogando dentro da água uma grande pedra que servia de âncora do barco. Depois de reviver essa cena, lembrou-se de um homem chamado *João Pescador* e que também era um bom *artilheiro* no futebol.

Continuando a fazer associações com a palavra *lago*, recordou-se de um garoto muito gordo que brincava com ele. Lembrou-se do dia em que esse garoto caiu de cabeça numa poça de lama e se sujou tanto que ficou parecendo um *porco* gordo e sujo. Ao pensar nisso, lembrou-se de um outro rapaz que se chamava *Leitão*. A seguir, veio-lhe ao espírito a imagem de um fazendeiro, seu conhecido, que um dia lhe contou o seguinte caso: os vizinhos desse fazendeiro, só por maldade, invadiram certa vez sua fazenda e mataram seus *porcos*, jogando-os dentro de um poço fundo cheio de água.

No exato momento em que recordou essa história, surgiu no espírito do Dr. Frink a lembrança de um fato decisivo que ocorrera quando ele tinha sete anos de idade e que fornecia o verdadeiro motivo de ter esquecido o nome da loja. Eis o fato: ele brincava com o irmão à beira de um lago jogando pedras para seu cachorro, chamado Cospor, ir buscar. Estavam se divertindo porque Cospor, por mais que nadasse, não conseguia pegar as pedras. A certa altura, a fim de dar um susto no cachorro, Frink resolveu jogar uma pedra das grandes. Infelizmente, errou a pontaria, a pedra foi atingir o focinho do animal, que perdeu os sentidos e afundou no lago. Frink, que adorava o cachorro, ficou desesperado. Nunca havia experimentado um sofrimento tão profundo em sua infância. Durante meses permaneceu inconsolável e não havia nada no mundo que o fizesse esquecer o seu cãozinho.

A explicação do esquecimento do nome da loja reside nesse fato, que só apareceu à consciência de Frink no fim de uma série de associações. Ao se psicanalisar, Frink foi caminhando, de associação em associação até chegar à lembrança do fato de que não se recordava mais. O esquecimento do nome da loja ocorreu porque a palavra *lago,* se fosse recordada, poderia trazer consigo as outras lembranças que a ela estavam associadas no espírito de Frink. Entre essas lembranças encontrava-se a recordação dolorosa daquele drama vivido na infância e que Frink não queria reviver. A força inconsciente, que recalcava a lembrança da morte do cachorro, recalcou também a lembrança do nome da loja. Frink não conseguia se lembrar do nome, porque estava associado a uma recordação dolorosa que inconscientemente procurava esquecer.

Esse caso nos mostra de que modo as associações espontâneas revelam o que está se passando em nosso inconsciente. Quem já foi se consultar com um psicanalista sabe que ele faz com que o cliente se deite num sofá bem confortável, fecha as cortinas para que o consultório fique mergulhado numa semi-obscuridade e sugere ao cliente que entre num estado de espírito como quando vai dormir: os músculos relaxados, a cabeça vazia, sem vontade de fazer nada. O psicanalista vai então fazendo perguntas, e o cliente deve responder aquilo que lhe vem à cabeça, espontaneamente, sem nenhuma interferência da vontade. Não tem importância alguma se o cliente só diz coisas bobas e insignificantes. O importante é que ele vá fazendo associações, uma coisa vai lhe lembrando outra, até que um belo dia surge uma lembrança que estava bem escondida em sua mente que revela a causa do que lhe acontece atualmente. Por que razão acontece isso?

O caso de Frink explica porque. As lembranças que vão surgindo estão ligadas umas às outras como se todas elas fizessem parte de uma mesma coisa. É como se fossem trechos de uma mesma música: por mais diferentes que sejam entre si, no fundo são parecidos uns com os outros, porque estão ligados pelo mesmo tema daquela música. Cada um dos trechos é uma variação do tema, as voltas que a melodia faz são voltas em torno de um mesmo tema. Em nosso psiquismo existe um *tematismo* desse tipo, ligando entre si as mais diferentes associações que vamos fazendo espontaneamente.

Analisemos agora as associações de Frink, tentando ver o tematismo que as unia. A primeira associação foi entre o nome da loja *Lago* e o Dr. *Lago*, que era *artilheiro*. Ora, o acidente ocorreu à beira de um lago e, no futebol, o artilheiro é o sujeito que é perito em lançar bem a bola. A segunda associação é a do *lago Indiano*. Pois bem, este lago fica situado no mesmo município em que o cachorro morreu; embora não fosse o mesmo lago em que se deu o acidente, ficava na água uma grande pedra que servia de âncora. A terceira associação refere-se ao tal *João Pescador*, que também é artilheiro. Observe o leitor o fato de que toda hora volta a idéia de água e a idéia de lançamento (*artilheiro e pescador*).

A quarta associação repete outra vez o mesmo tema, relembrando um garoto que cai numa poça de *água* quando corria atrás de uma *bola*. Além disso, esta associação mostra que o garoto ficou com a cara de um *porco*, fato esse que liga com a quinta associação em que aparece a história dos *porcos* que morreram afogados num poço cheio de *água*. Essas duas últimas associações estão diretamente ligadas ao acidente doloroso ocorrido na infância de Frink, pois, como o leitor já deve ter notado, o nome do cachorro, *Cospor*, é a palavra *porcos* escrita de trás para frente. Tantos os *porcos* como *Cospor* foram animais que morreram afogados e se ligam à idéia de lançar alguma coisa dentro d'água.

O fato de todas essas idéias estarem de alguma forma ligadas entre si é o que se chama de tematismo psíquico.

A vida noturna: os sonhos

Um dos aspectos mais interessantes da doutrina de Freud é o fato de considerar que não existe uma grande separação entre a vida normal que levamos todos os dias e a vida anormal dos doentes mentais. Para Freud, há uma perfeita continuidade ligando o que é normal e o que é anormal. Ser capaz de mostrar essa ligação e essa continuidade foi um dos grandes méritos de Freud, pois, ao afirmar que o anormal não é tão anormal como se pensa, Freud não estava querendo dizer que o mundo é um hospício e que existe um louco no fundo de cada ser humano. Ao contrário. Mostrando que o anormal está mais próximo do normal do que supomos, Freud chama nossa atenção para o fato de que a cura do anormal e o restabelecimento da normalidade é muito mais fácil do que supomos.

Essa idéia de continuidade aparece com toda clareza na teoria central da psicanálise: a teoria do sonho. Antes de Freud, nenhum cientista que se prezasse perderia seu tempo estudando o sonho. Supunha-se que o que se passa em nosso espírito quando estamos dormindo não é digno da atenção da ciência e, assim, a interpretação dos sonhos ficou relegada durante séculos aos falsos cientistas, feiticeiros, adivinhos etc. A opinião de Freud era completamente diferente. Para ele, os sonhos deviam ser examinados cientificamente e, além disso, seu estudo representava um dos passos mais importantes no sentido de transformar a psicologia numa verdadeira ciência. "A interpretação dos sonhos", dizia ele, "é a principal estrada que leva ao conhecimento dos aspectos inconscientes de nossa vida psíquica". O sonho representava para Freud um fato que prova a semelhança existente entre o normal e o anormal, e foi a partir do estudo do sonho que ele conseguiu formular uma teoria sobre a neurose. Eis como Freud se refere à importância do estudo do sonho: "Devemos notar que nossas produções oníricas, isto é, os nossos sonhos, por um lado se assemelham intimamente com as produções dos doentes mentais e, por outro lado, são normais no estado de saúde perfeita". Em outras palavras, as pessoas sadias quando estão sonhando se assemelham muito aos doentes mentais, e nem por isso deixam de ser menos sadias. Aquele que não consegue compreender o significado dos sonhos, afirma Freud, não conseguirá compreender os processos psíquicos mórbidos.

O que o sonho não é

Por que sonhamos? Qual é a causa dos sonhos? Vejamos que resposta deram a essa pergunta os psicólogos anteriores a Freud.

Uma das explicações mais conhecidas consiste em dizer que o sonho é causado pelas sensações externas que a pessoa não é capaz de perceber conscientemente porque está dormindo. Para provar essa tese costuma-se citar experiências do seguinte tipo: se alguém faz ruídos com objetos metálicos quando estou dormindo, sonho, por exemplo, que estou perto de uma igreja ouvindo o som dos sinos. Segundo essa teoria, meus sonhos são, portanto, provocados pelas sensações que experimento enquanto durmo.

Freud, entretanto, não aceitava essa tese e não a aceitava por uma razão muito simples. Se ouço, dizia ele, o barulho de um copo batendo no outro e sonho, ao ouvir esse barulho, exatamente com um copo batendo no outro, então a tese é verdadeira: as sensações externas são a causa do meu sonho. Mas dá-se, acrescentava Freud, que ouço barulho de copos e sonho com sinos, ou com tiroteios, ou com campainhas etc. Isso quer dizer que a sensação não é a causa do sonho: "as excitações sensoriais que agem durante o sono não aparecem no sonho com sua forma verdadeira, mas são representadas por outras sensações diferentes". Para Freud, jamais conseguiremos entender o conteúdo do sonho se não percebermos que a pessoa que está sonhando associa logo uma de suas lembranças com a sensação externa que a está incomodando. Nós não sonhamos com o que está acontecendo fora de nós: nós sonhamos com o que existe dentro de nós.

Outra teoria, com a qual Freud também não concorda, diz que os sonhos são provocados pelas sensações internas, por aquilo que se passa com os órgãos de nosso corpo. Segundo essa teoria, a inteligência desaparece completamente durante o sono, e seu lugar é ocupado pela imaginação. É a imaginação que cria as imagens que presenciamos durante o sonho. Essas imagens são símbolos de atividades orgânicas: assim como a bandeira simboliza o Brasil, as imagens oníricas simbolizam o que está ocorrendo com os órgãos de nosso corpo. Se, enquanto durmo, sinto alguma excitação no intestino, é provável que eu sonhe que estou andando em ruas muito compridas. A imagem das ruas compridas foi criada pela imaginação para simbolizar o processo que estava se desenvolvendo no intestino.

Freud concorda que as sensações internas, do mesmo modo que as externas, têm alguma importância na explicação dos sonhos. Mas, ao mesmo tempo, ele observa que nos sonhos existe alguma coisa a mais, que falta nas sensações. O conteúdo do sonho é maior do que o conteúdo das sensações: quando sonhamos, acrescentamos uma série de coisas que não existiam nas sensações. Isso acontece porque quando sonhamos utilizamos funções psíquicas que não precisam entrar em funcionamento quando estamos simplesmente tendo a sensação de algum objeto: para ver uma mesa quando estou acordado, preciso dos órgãos dos sentidos; no entanto, para ver uma mesa sonhando preciso utilizar outras faculdades psíquicas muito mais complexas. A tese inicial de Freud é, portanto, a de que o sonho não é um problema somático, mas um processo psíquico.

Antes de examinarmos a opinião de Freud sobre as verdadeiras causas do sonho, precisamos saber o que é o sonho: quais são as características importantes do sonho?

O sentido dos sonhos

A maior parte das pessoas costumam afirmar que os sonhos são completamente absurdos, que os fatos sonhados se misturam uns com os outros de qualquer maneira, sem nenhuma lógica. Essa incoerência que os sonhos parecem ter é um dos motivos que levaram os psicólogos anteriores a Freud a desprezar o estudo dos sonhos. Não adianta nada, pensavam eles, perdermos o nosso tempo estudando esse amontoado de imagens desconexas e sem sentido que aparecem nos sonhos.

Freud, entretanto, pensava exatamente o contrário. Tomou como ponto de partida a idéia oposta a essa e começou por afirmar que os sonhos não podem ser apenas uma barafunda de imagens que vão se sucedendo sem nenhuma ordem lógica. Freud partiu da idéia de que os sonhos são coerentes. Os sonhos devem ter um sentido, dizia ele; e devem ter uma certa lógica, uma certa unidade. Temos de fazer todo o esforço para descobrir esse significado dos sonhos, e se não conseguimos descobrir essa lógica, se o que vemos quando analisamos um sonho é apenas uma confusão de imagens, a culpa não é do sonho, mas nossa: somos nós que não estamos sendo capazes de entender a linguagem dos sonhos. Até mesmo os sonhos mais estranhos e absurdos podem se explicados logicamente quando sabemos analisá-los.

"O sonho tem um sentido", diz Freud. Isso quer dizer que os processos psíquicos que se desenrolam em nosso psiquismo quando estamos sonhando apresentam um certo grau de organização, isto é, esses processos apresentam-se ligados entre si de uma certa forma. Se as imagens que aparecem nos sonhos estão relacionadas umas com as outras, isso significa que acontece nos sonhos algo parecido com o que vimos nas associações espontâneas. Da mesma forma que as imagens que vamos associando livremente, as imagens dos sonhos apresentam um certo *tematismo,* são imagens que pertencem a uma única história e, por mais diferentes que sejam entre si, ou por mais embaralhadas que estejam, no fundo essas imagens estão procurando falar sobre uma mesma coisa, estão procurando contar alguma coisa na linguagem dos sonhos.

Mas não basta dizer que os sonhos têm um sentido. Precisamos provar isso. Como fazer para descobrir o sentido dos sonhos? Nesse ponto, Freud esbarrou com uma grande dificuldade: as próprias pessoas que sonham não acreditam que os sonhos tenham sentido. Quando interrogamos uma pessoa para saber o significado do seu sonho, ela nos diz que não entende por que teve aquele sonho; ela própria acha o sonho absurdo e sem significado. Mas Freud não desanima diante dessa dificuldade. Para ele, a idéia de que os sonhos têm um sentido valia mais do que a opinião que as pessoas manifestam a respeito dos seus próprios sonhos. Freud compreendia que tudo o que sabemos a respeito de nós mesmos representa apenas uma pequena parte daquilo que somos na realidade. Uma pessoa que desperta de um sonho hipnótico, por exemplo, afirma que não se lembra do que aconteceu quando estava hipnotizada. Mas se continuamos insistindo, ela acaba se recordando de tudo. Num primeiro momento, a pessoa que foi hipnotizada pensa que não sabe o que houve durante a hipnose; num segundo momento, ela passa a saber que realmente sabia de tudo. Isso quer dizer, conclui Freud, que possuímos dentro de nós uma série de conhecimentos que, à primeira vista, julgamos não possuir. Não há razão, portanto, para pensarmos que os sonhos não têm sentido só porque as pessoas acham seus sonhos absurdos.

Por que razão não sabemos qual é o sentido dos nossos próprios sonhos? Não sabemos, responde Freud, porque o sonho é apenas um efeito, é apenas um sintoma de uma causa mais profunda, assim como a fumaça é um efeito do fogo. Quando vemos uma fumaça e não conseguimos descobrir qual é o fogo que a está produzindo, aquela fumaça nos parece completamente absurda, sem razão de ser, sem sentido. Assim não entendemos o sentido dos nossos sonhos porque não vemos quais são suas causas. E por que não vemos as causas? Porque as causas não são conscientes, responde Freud. São os processos psíquicos não-conscientes (isto é, pré-conscientes ou inconscientes) que produzem o sonho e, conforme vimos no primeiro capítulo, se o processo é inconsciente, isso significa que não podemos percebê-lo diretamente, não podemos ter consciência de que ele está atuando e causando nosso sonho. Não entendemos porque sonhamos porque nunca vemos conscientemente as causas do sonho: só vemos a fumaça, nunca vemos o fogo.

O método das associações

Que fazer para descobrir o sentido dos sonhos? O mesmo que fizemos quando tivemos de descobrir a razão de ser dos atos estranhos de nossa vida de todos os dias. Temos de usar o método das associações espontâneas. Por que razão esse método é tão poderoso? Por que motivo é ele que nos dá sempre a chave para resolvermos nossos problemas? Já é tempo de examinarmos mais de perto o assunto.

Comecemos pelo fato bastante comum que acontece todas as vezes que uma idéia evoca outra idéia. Suponhamos que eu pense que estou lendo esse livro e, ao pensar nisso, me lembro que hoje ainda não li o jornal. O que foi que aconteceu? Quando pensei no livro, me lembrei do jornal. A idéia de que eu estava lendo o livro evocou ou trouxe ao meu espírito a idéia de que não tinha lido o jornal. Ou seja, uma idéia puxou a outra. A coisa mais interessante é que isso aconteceu naturalmente, sem que eu fizesse força nenhuma. Eu estava parado e pensei no livro; sem que eu fizesse nenhum esforço apareceu a idéia do jornal. A impressão que se tem é que a idéia de livro fez tudo sozinha. Eu não precisei intervir para que aparecesse a idéia de jornal. É como se a primeira idéia estendesse a mão e puxasse por conta própria a segunda idéia para dentro do meu espírito. A segunda veio trazida pela primeira e não trazida por mim.

Quando é que uma idéia chama outra idéia? Uma idéia atrai a outra quando estão associadas em minha mente, quando existe uma relação, um laço qualquer, ligando uma à outra. É da maior importância observarmos que essa relação atua em nosso espírito sem que tomemos conhecimento de sua existência. Quando pensei em livro eu não sabia que naquele momento a idéia que existia entre ambas fez com que uma puxasse a outra, embora eu não soubesse de modo algum que isso ia acontecer. Antes de haver a associação, eu não a conhecia; só depois que ela se verificou espontaneamente é que eu soube de sua existência, embora ela já estivesse dentro de mim antes de se manifestar.

Por que razão depois da idéia de livro não veio a idéia de cadeira, ou a idéia de automóvel? Por que razão foi exatamente a idéia de jornal que apareceu? A resposta é uma só: quando uma idéia evoca outra, ela não evoca qualquer outra, mas apenas as idéias que estão ligadas a ela por algum tipo de relação. Por isso é que surgiu a idéia de jornal, e não a de cadeira ou de automóvel.

Assim compreendemos por que motivo a relação pôde agir sem que nós soubéssemos de sua existência. Isso foi possível porque a relação que liga as idéias que estão associadas não precisa de nós para existir e para funcionar: ela é uma relação objetiva e não uma relação subjetiva. Por exemplo: a relação que tenho com minha namorada é subjetiva, pois depende apenas de minha vontade continuar ou não mantendo essa relação. Ao passo que a relação que existe entre o calor e a água é uma relação objetiva: toda a vez que esquento água ela ferve, isso não depende da minha vontade, pois, queira ou não, a água que está sendo aquecida ferverá inevitavelmente. Essa relação é, portanto, objetiva. Da mesma forma, as relações entre as idéias associadas são objetivas.

Na medida em que deixo meu pensamento fluir livremente, sem procurar interferir com a minha vontade para mudar a orientação que ele vai tomando, vejo perfeitamente como as idéias vão se associando umas às outras, uma primeira idéia vai chamando uma segunda, e esta vai chamando uma terceira, e assim sucessivamente as idéias vão desfilando diante de mim como se fossem pequenas nuvens passando pelo céu umas atrás das outras. Fico parado, sem fazer nada, assistindo como um espectador àquele desfile de imagens. Suponhamos agora que nessa fileira de imagens que estão entrando em meu espírito, exista uma imagem qualquer que eu não deseje rever. É claro que isso pode acontecer. Entre todas aquelas imagens que estão vindo, umas atrás das outras, pode existir uma que represente, por exemplo, uma cena dolorosa que me traria uma emoção desagradável se eu tornasse a me recordar dela. O que aconteceria nesse caso? Muito simples: essa imagem entraria no meu espírito como as outras, ela seria trazida pelas outras sem que eu pudesse impedir o seu aparecimento. Por quê? Em primeiro lugar porque eu não sabia que ela estava ligada com as outras que apareceram antes dela. Se eu soubesse que as imagens que estão desfilando agora estão associadas a uma imagem dolorosa que virá depois, eu simplesmente faria minha vontade entrar em ação e graças a ela mudaria a direção do meu pensamento: começaria a pensar noutra coisa e pronto, impediria que aquele fato que eu desejo esquecer voltasse à minha consciência. Dá-se, entretanto, que quando estou fazendo associações espontâneas, não sou eu que comando o desfile das idéias: são elas que vão se impondo a mim, umas atrás das outras, umas trazidas pelas outras, graças à *relação objetiva* que existe entre elas.

Esse fato, a relação objetiva entre idéias espontaneamente associadas, forneceu a Freud a base científica sobre a qual repousa o seu método psicanalítico. O método de Freud é científico porque se baseia num fato objetivo. As idéias que se apresentam ao nosso espírito nas associações livres encontram-se relacionadas dentro de certa ordem, existem constância e estabilidade nos laços que ligam essas idéias entre si.

Agora que já sabemos por qual razão o método das associações é tão importante, fica explicado por que motivo é esse método que nos fornece a chave para decifrar o sentido dos sonhos. Basta pensar no seguinte: se as imagens que aparecem no sonho possuem uma ligação associativa com os processos psíquicos inconscientes que produzem o sonho, tudo o que precisamos fazer para descobrir as causas do sonho é ir caminhando de associação em associação: começando pelas imagens que aparecem no sonho, vamos vendo quais são as suas associações até chegarmos às imagens que deram origem a todas as outras. É como se fôssemos seguindo o fio de uma fumaça até chegarmos ao fogo que está produzindo a fumaça. A fumaça vem do fogo e nós fazemos o mesmo percurso, só que no sentido contrário: nós vamos da fumaça ao fogo. Da mesma forma, para decifrar o sentido do sonho, começamos pelo que aparece no sonho e só no fim do percurso é que encontramos os processos psíquicos ocultos que estavam produzindo o sonho.

Como já vimos, o psicanalista pede ao seu cliente para que se recoste num sofá confortável, feche os olhos e deixe seu pensamento deslizar livremente. Em outras palavras, o paciente é colocado numa situação parecida com a de quem está dormindo. Sua única obrigação é contar ao psicanalista tudo o que está se passando em seu psiquismo. O psicanalista vai apresentando ao paciente, uma por uma, todas as imagens do sonho que ele teve. O paciente vai fazendo todas as associações que lhe vêm ao espírito a propósito de cada imagem. Depois que termina esse trabalho, o psicanalista estuda suas anotações e descobre que o conjunto formado pelas associações livres possui um certo tematismo, todas aquelas imagens associadas formam uma unidade, formam uma história que nos revela qual era o verdadeiro significado do sonho.

Examinemos o caso de Felipe. Esse rapaz teve certa vez o seguinte sonho: sonhou que estava dando chutes num gambá. Dava um chute atrás do outro, e o animal, em vez de exalar um cheiro desagradável como faria se isso acontecesse na realidade, exalava, ao contrário, o cheiro delicioso do perfume Palmer. Aí está o sonho de Felipe. É um sonho curto, bastante simples e de aparência inteiramente insignificante. Que sentido pode ter um sonho tão idiota quanto esse? O leitor pode fazer a seguinte experiência: tente analisar esse sonho, procure descobrir qual é o seu significado. Por mais que se esforce, porém, certamente não conseguirá descobrir nada. Isso prova que precisamos fazer o que dissemos acima, precisamos saber quais são as associações de Felipe e só então seremos capazes de decifrar o sentido do sonho. Vejamos, portanto, as associações.

A idéia do perfume Palmer fez Felipe evocar o fato de que, na época em que teve aquele sonho, ele trabalhava numa farmácia. Depois, ele lembrou-se que um dia apareceu um freguês querendo comprar óleo de chenopodium. Esse remédio não estava classificado como veneno, e por isso Felipe o vendeu sem pedir receita médica. Chegando em casa, o freguês deu o remédio ao seu filho de seis meses. Horas depois o menino morreu. Em vez de se sentir responsável, o pai lançou a culpa sobre Felipe. Inventou uma história diferente e passou a contála para todo mundo, acusando Felipe de ter matado seu filho. Em pouco tempo, toda a cidade comentava o caso do farmacêutico. Para limpar o seu nome daquela calúnia, Felipe procurava explicar a verdadeira história a cada freguês que aparecesse na farmácia. Um dia o patrão chamou-lhe a atenção e proibiu-o de voltar a tocar no assunto com os fregueses. "Quanto mais você bater nesse gambá", disse o patrão, "mais ele federá." Na noite seguinte, Felipe teve o tal sonho.

Examinando as associações de Felipe, vemos que o sonho não tinha nada de absurdo. Compreendemos porque sonhou que chutava um gambá e porque razão o animal exalava um perfume delicioso. O sentido do sonho era que Felipe desejava ardentemente continuar a se defender das acusações que o pai da criança lhe fazia. Felipe tinha uma opinião oposta a do patrão: ele achava que quanto mais vezes explicasse a história verdadeira, mais limpo ficaria o seu nome na cidade. O sonho expressava essa opinião de Felipe numa linguagem figurada: quanto mais chutasse o gambá, mais perfumado ficaria o ambiente.

Para Freud, cada sonho apresenta dois tipos de conteúdo: um conteúdo manifesto e um conteúdo latente. O primeiro é aquilo que aparece no próprio sonho. O segundo é o conteúdo oculto, é o sentido oculto que só conseguimos descobrir por meio da análise. Assim, por exemplo, o conteúdo manifesto do sonho que analisamos é constituído por Felipe dando chutes num gambá que exala um odor perfumado. O conteúdo latente é composto pela morte do menino envenenado, as acusações do pai, as tentativas de se defender feitas por Felipe

53

e a recriminação do patrão. O sonho representa assim uma tradução, uma transposição do conteúdo latente, que é transformado em conteúdo manifesto. Quando aplicamos o método associativo, partimos do conteúdo manifesto e, graças às associações, acabamos por descobrir o conteúdo latente, que nos revela a causa real do sonho. O conteúdo latente está formado de pensamentos e sentimentos que podem ser ou pré-conscientes ou inconscientes. Num e noutro caso, Freud chama nossa atenção para o fato de que nunca é consciente o processo pelo qual o conteúdo latente é transformado em conteúdo manifesto. Esse processo de transformação foi chamado por Freud de o *trabalho do sonho*.

O que é o sonho

O que estudamos até aqui foi a primeira tese fundamental de Freud sobre o sonho, segundo a qual o *sonho tem um sentido*. Estudaremos agora a segunda tese fundamental: *todo sonho é a realização de um desejo*.

Para ilustrar essa segunda tese, um bom exemplo é fornecido pelo relato de um explorador que nos conta os sonhos de sua equipe durante uma ocasião em que estavam enfrentando dificuldades numa região polar. Estavam com o barco retido num local de onde não podiam sair e onde não podiam ficar por falta de víveres. Eis os sonhos: um deles sonhava com banquetes, sentia-se feliz quando numa só noite havia participado de vários banquetes em sonho; outro sonhava com cigarros, sonhava que havia verdadeiras montanhas de cigarros à sua disposição; um outro sonhava com um barco à vela que ia deslizando pelo mar, livre de qualquer obstáculo e podendo tomar o rumo que quisesse. Esses exemplos mostram claramente como que, dormindo, cada um dos homens procurava realizar em sonhos os desejos intensos que eles não podiam satisfazer na situação real em que se encontravam.

Com a ajuda dessa tese de que o sonho corresponde à realização de um desejo, podemos compreender uma das funções importantes dos sonhos. À primeira vista, temos a impressão de que o sonho é algo que atrapalha o sono. Parece-nos que se dormíssemos sem sonhar, dormiríamos melhor. A situação verdadeira, no entanto, é a oposta: o sonho facilita o sono. Como diz Freud, o sonho é o guardião do sono. Vejamos porquê.

Um desejo é uma excitação psíquica. Se estamos dormindo e sentimos um desejo, nosso espírito fica excitado por esse desejo, e isso pode nos obrigar a acordar. Os desejos que sentimos quando estamos dormindo podem assim perturbar o nosso sono e nos despertar. O sonho, guardião do sono, elimina a excitação causada pelo desejo da forma mais simples possível: ele faz com que o desejo seja satisfeito em sonho, faz com que o pensamento se transforme em um fato vivido. No exemplo acima, o sujeito que durante o dia não dispunha de alimentos suficientes conseguia dormir durante a noite porque sonhava com banquetes. Sua fome, que poderia despertá-lo do sono, era satisfeita pelos sonhos dos banquetes.

Segundo essa explicação, existem duas tendências em luta: uma tendência perturbadora que é representada pelo desejo que exige sua satisfação; e uma tendência que pode ser perturbada e que é representada pelo desejo que exige sua satisfação; o sonho é assim um resultado, um compromisso que soluciona o conflito entre essas duas tendências. "Dormindo", diz Freud, "nós experimentamos a satisfação do desejo e, satisfazendo o desejo, nós continuamos a dormir."

A essa altura, encontramos uma das mais importantes objeções formuladas pelos adversários de Freud contra sua teoria. Se o sonho representa a realização de um desejo, argumentam eles, todos os sonhos que temos deviam nos trazer prazer, pois todas as vezes que realizamos um desejo sentimos prazer. Como é então que existem os pesadelos? Se a teoria de Freud fosse verdadeira, dizem seus adversários, nós jamais poderíamos explicar por que motivo certos sonhos, em vez de serem agradáveis, provocam um profundo desespero e um mal-estar insuportável.

Freud não recuou diante desse argumento. Enfrentou o problema e conseguiu mostrar que seus adversários não tinham nenhuma razão. A existência dos pesadelos, dizia Freud, não prova que os sonhos não são a satisfação de um desejo. Os pesadelos provam exatamente o contrário: provam que o sonho é a realização de um desejo.

Para entendermos melhor o raciocínio de Freud, teremos de examinar o papel representado pela censura durante o sono. Depois disso é que abordaremos a interpretação do pesadelo.

Durante a primeira guerra mundial, uma senhora de cinqüenta anos, viúva havia 12 anos de um oficial e mãe de um soldado que lutava *no front*, teve certa noite o seguinte sonho: ela se dirigiu ao hospital militar de Viena e, aproximando-se do sentinela, solicitou permissão para entrar a fim de falar ao médico-chefe. O motivo que ela apresentou foi o de que iria prestar serviço no hospital. Pelo modo como ela pronunciou a palavra *serviço*, o *sentinela* compreendeu que se tratava de *serviço de amor*. Depois de hesitar um pouco, ele acabou deixando-a passar. Ela chega a um salão onde se encontram reunidos muitos médicos e oficiais. Volta-se para um major-médico e diz: "Eu e muitas outras mulheres de Viena estamos à disposição dos soldados e oficiais, sem nenhuma distinção"... *Nesse momento, sempre sonhando, ela ouve vozes murmurando.*

Ao ouvir o murmúrio, ela diz: "Estou falando sério". Há um silêncio pesado. O major envolve sua cintura e lhe fala: "Minha senhora, suponha que de fato seja necessário"... *Ouve-se o murmúrio outra vez.* Pensando que ele prefere outra, ela se desprende de seu braço e fala: "Sei que sou uma mulher velha e talvez não esteja até mesmo em condições... Aliás, é preciso estabelecer o seguinte: temos de levar em consideração a idade, para evitar que uma mulher idosa e um rapaz"... *O murmúrio surge outra vez.* "Seria horrível se isso acontecesse". "Entendo perfeitamente", responde o major, e lhe indica a escada que conduz à sala do médico-chefe, que é um homem de idade madura. Enquanto sobe a escada com o sentimento de estar simplesmente cumprindo seu dever, ela ouve um oficial dizer: "Que decisão! Jovem ou velha, ela merece todo o nosso respeito".

Em primeiro lugar, o que temos de observar nesse sonho é o fato de que as passagens mais escabrosas, as cenas de maior erotismo não chegam realmente a acontecer. É evidente que essa viúva de cinqüenta anos, com sua sensualidade intensificada pela menopausa, sentiu o desejo de ter relações sexuais: seu sonho tinha por finalidade satisfazer esse desejo. Entretanto, todas as vezes em que o sonho está se encaminhando para uma situação abertamente erótica, sobrevém uma interrupção, ouve-se um murmúrio que encobre o que de fato está acontecendo. Por três vezes, os momentos obscenos são substituídos por um murmúrio. Por quê?

O leitor deve estar lembrando do que dissemos no primeiro capítulo sobre a censura do super-ego. Pois bem, para Freud, as convicções morais da viúva não desapareceram completamente durante o sono e, continuando a funcionar, embora de uma forma atenuada, impediram que os impulsos sexuais da viúva se manifestassem completamente. Todas as vezes que o seu desejo de ter relações com um homem ia ser satisfeito pelo sonho, aparecia a censura bloqueando a passagem do desejo. Na hora do ato sexual a censura produzia uma perturbação na seqüência do sonho, introduzindo os murmúrios. O sonho fica assim desfalcado de suas partes fundamentais, tal como acontece com os jornais publicados em países de governo ditatorial. O jornal aparece com espaço em branco no lugar em que devia publicar os artigos que foram proibidos pela censura do governo. Da mesma forma os murmúrios são espaços em branco que aparecem no lugar de cenas que foram proibidas pelas convicções morais da viúva.

A idéia da censura vem assim completar a teoria de Freud sobre a interpretação dos sonhos. Até aqui tínhamos dito que o sonho decorria da combinação entre duas tendências: uma tendência para dormir e outra tendência que vinha perturbar o sono. Agora vemos que a teoria de Freud é um pouco menos simples, pois existe ainda um terceiro fator a ser considerado: a censura. Levando em conta os três fatores, compreendemos daqui por diante que um sonho pode resultar da combinação das seguintes tendências: o desejo de dormir, um desejo chocante proibido pela censura e as tendências que constituem a própria censura.

De um modo geral, os desejos que não realizamos durante o dia, porque são contrários aos nossos princípios, costumam se aproveitar do sono para se manifestarem. À noite, enquanto estamos dormindo, os guardas da censura deixam de trabalhar com a mesma vigilância que os caracteriza durante o dia. Os desejos então aproveitam-se do fato de que os guardas estão semi-adormecidos e tentam passar sorrateiramente para o outro lado da fronteira.

Durante o sono, as seguintes possibilidades podem ocorrer quando um desejo proibido chega à barreira da censura. Se os guardas também estão dormindo, ele passa diretamente, tal como está, sem ser notado. Se os guardas estão semi-adormecidos e não conseguem bloquear totalmente a passagem, o desejo se manifesta de uma forma mais ou menos perturbada, tal como aconteceu no sonho da viúva que contamos acima. Quando, entretanto, os guardas impedem realmente a passagem e procuram efetivamente recalcar o desejo, este lança mão do expediente que já conhecemos: disfarça-se e consegue assim se manifestar de uma forma indireta. Esse último caso é o mais freqüente, e é por essa razão que os sonhos apresentam o aspecto embaralhado, simbólico e aparentemente incompreensível que os caracterizam. Assim sendo, a fórmula mais completa utilizada por Freud para explicar a natureza dos sonhos consiste na afirmação de que "o sonho é a realização disfarçada de um desejo recalcado".

Eis um exemplo. Uma senhora sonhou certa noite que estava estrangulado um cachorrinho branco. Aí está um sonho curto e simples, que não parece conter nada de mais. Durante a psicanálise, que revelou o conteúdo oculto sob a inocente aparência do sonho, a senhora em questão contou que gostava muito de trabalhar na cozinha, embora sentisse desprazer quando tinha de matar um animal para cozinhar. Ao contar isso, ela se recordou que, no sonho, matou o cachorro torcendo-lhe o pescoço, do mesmo jeito com que costumava matar galinha. Em seguida, começou a falar sobre pena de morte, guilhotinas etc., o que levou o médico a perguntar-lhe se ela não sentia ódio em relação a alguém. Ela respondeu então que detestava sua cunhada, que vivia se metendo entre ela e o marido *como uma galinha choca*. Dias antes, depois de uma briga, tinha expulsado a cunhada de casa dizendo: "Saia de minha casa! Não quero aqui dentro uma cadela que morde"! Além disso, contou ainda que sua cunhada era de estatura baixa e tinha a pele muito branca.

Esse sonho nos mostra perfeitamente como que o desejo de matar a cunhada, desejo que conscientemente a mulher em questão não podia admitir e que foi, portanto, recalcado durante o dia, apresentou-se durante a noite disfarçado e conseguiu se satisfazer graças ao expediente de substituir a imagem da cunhada pela imagem de um cachorrinho branco. Os guardas da censura, semiadormecidos, não puderam perceber que a morte do cachorrinho branco estava representando simbolicamente a morte da cunhada.

Se não existisse a censura, diz Freud, a mulher teria sonhado pura e simplesmente que estava matando a própria cunhada: seu desejo de matar a cunhada teria se realizado tal e qual. Os princípios morais, entretanto, impediram que os impulsos homicidas se manifestassem diretamente. Esse sonho foi, assim, o resultado de uma combinação entre dois fatores: de um lado, o desejo de matar, de outro, a censura. Em outras palavras, o sonho foi a realização disfarçada de um desejo recalcado.

E o pesadelo?

Depois dessas explicações sobre o papel da censura, já estamos em condições de compreender a teoria de Freud sobre o pesadelo. Páginas atrás, tínhamos visto que explicar o pesadelo era a prova de fogo que desafiava a doutrina de Freud sobre os sonhos. Tudo parecia indicar que, afirmando ser o sonho a realização de um desejo, Freud não saberia responder à pergunta: por que então temos pesadelos? Não poderíamos sentir a angústia do pesadelo, se em nossos sonhos estivéssemos simplesmente satisfazendo nosso desejos. Isso diziam seus adversários. Passemos à resposta de Freud.

Nos sonhos procuramos satisfazer os impulsos instintivos mais bestiais, os desejos mais primitivos e anti-sociais, as tendências baixas que recalcamos e que nos encheriam de vergonha e horror se acaso se manifestassem em plena luz do dia. "Os desejos censurados são acima de tudo a manifestação do nosso egoísmo sem limites e sem escrúpulos." Ao dormir, nos desligamos do mundo exterior e concentramos todo o nosso interesse sobre nossa própria pessoa. Nosso eu fica supervalorizado, passa a desempenhar o papel principal em todas as cenas e, sentindo-se livre e desembaraçado de todas as obrigações morais e sociais, nosso eu se entrega de corpo e alma aos apetites sexuais, lançando-se com sofreguidão à procura do prazer. A essa iniciativa de procurar o prazer onde quer ele se encontre, Freud deu o nome de *libido*. A *libido* busca os objetos que trazem prazer, de preferência os objetos proibidos. "Ela escolhe não somente a mulher do próximo, mas também os objetos aos quais a humanidade inteira costuma conferir um caráter sagrado: o homem escolhe sua mãe ou sua irmã, a mulher escolhe seu pai ou seu irmão." Nos sonhos "o ódio tem trânsito livre. A fome de vingança, os desejos de morte em relação a pessoa que amamos acima de tudo na vida, nossos pais, irmãos, irmãs, esposos e filhos, tais desejos nada têm de excepcional nos sonhos: são impulsos censurados que parecem provir de um verdadeiro inferno". Egoísmo e erotismo são as duas fontes dos sonhos.

Mas o ser humano não é apenas um animal. Além dos instintos egoístas e eróticos, existem as tendências moralmente elevadas, as aspirações socialmente apreciadas, provenientes da Censura. Esses dois tipos opostos de tendências entram em choque e vivem em conflito. Por esse motivo é que nem todo sonho é agradável, por esse motivo é que temos pesadelos.

A realização de um desejo só provoca uma sensação de prazer quando satisfazemos o desejo livremente. Se, por exemplo, procuro satisfazer minha fome comendo uma maçã é bem provável que esse ato me traga prazer. Entretanto, se a maçã que estou comendo foi roubada e se o fato de ter roubado me causa um sentimento de culpa e de remorso que não posso controlar, então é bem provável que sinta desprazer ao comer aquela maçã.

Nesse caso, o desejo está em oposição a outras tendências morais, há uma luta entre o que eu deveria fazer e o que eu desejaria fazer, e a minha personalidade consciente teria preferido satisfazer os meus princípios morais, em lugar de satisfazer meu desejo instintivo. Na verdade, eu me sentiria mais feliz permanecendo em paz com minha consciência moral do que satisfazendo minha fome. É isso o que acontece nos pesadelos. Eis como se expressa a respeito um dos comentadores da obra de Freud:

> Os desejos que provocam os sonhos não são, freqüentemente, desejos aceitos pelo consciente; ao contrário, são desejos que ele combate, reprime e censura. Por

conseguinte, o retorno desses desejos recalcados, embora seja uma causa de prazer para a parte inferior do homem, é uma causa de desprazer para a parte superior. Esquecemo-nos freqüentemente que o homem é um ser duplo, disputado por tendências de sentido contrário. A censura reage pela angústia quando ela não pode dominar o desejo animalesco que sobe das profundezas do inconsciente.

Todos os pesadelos cujas causas são psíquicas resultam desse fato. A angústia e o desejo que sentimos são um efeito: sua causa é o fato de que a censura não está conseguindo levar a melhor na luta que trava contra um desejo bestial e proibido. Isso nos angustia e nos desespera a um ponto tal que acordamos e, quando não acordamos, experimentamos um sonho mortificante e sofrido que não nos dá nenhum prazer, embora sua causa real seja, como sempre, a satisfação de um desejo.

Vejamos agora um exemplo que ilustra a teoria de Freud sobre o pesadelo. Bernard, rapaz solteiro de 29 anos, sente uma forte atração por um outro homem, Carlos, seu amigo. Sempre lutou contra essa tendência de tal forma que nunca houve nada de concreto entre os dois. Bernard desejava casar-se, mas sabia que não poderia fazê-lo enquanto estivesse pensando o tempo todo em seu amigo Carlos. Um dia, entretanto, recebeu uma notícia que o abalou profundamente: Carlos tinha ficado noivo. À noite, Bernard teve o seguinte pesadelo:

> Sonhei que estava num quarto de núpcias deitado na cama com a noiva de Carlos, que, no sonho, aparece como se fosse minha mulher. Fazia uma série de tentativas para possuí-la, mas fracassava em todas e não conseguí ter relações sexuais com ela. Na segunda parte do sonho, encontrava-me em meu próprio quarto, deitado em minha cama. Num canto, vejo uma outra cama em que se encontrava Carlos. Fiz-lhe então uma proposta de amor, embora de maneira velada. Ao ouvir minhas palavras, ele se levantou enfurecido e avançou como

um louco em minha direção, quase nu, vestindo apenas uma camisa. Percebi que ele ia me estrangular, mas não fiz nenhuma tentativa para me defender: fiquei paralisado pelo terror, sem fazer um gesto sequer para me livrar de Carlos. Antes que ele me tocasse, entretanto, acordei sobressaltado, com arrepios e suores frios.

Eis a interpretação desse pesadelo, feita pelo Dr. Fiournoy. Na primeira parte do sonho, Bernard realiza sua ambição de se casar. Para isso toma o lugar de Carlos e tenta possuir sua noiva. Mas não consegue. Tendo fracassado, seu desejo instintivo homossexual ganha o primeiro plano e passa a comandar a segunda parte do sonho. Sua imaginação tenta satisfazer seus desejos durante o sonho no momento em que Bernard faz propostas a Carlos. Mas sua personalidade moral reage e não permite que a relação homossexual se realize. Em vez de ceder às suas tendências anormais, a luta interior de Bernard encontra uma solução moralmente correta, que não depõe contra os seus princípios morais. Essa solução se manifesta no fato de que ele vai morrer sacrificado pela mão do seu próprio bem-amado, que ficou louco.

O pesadelo de Bernard nos mostra assim o que é o conflito entre o desejo e a censura. Como diz Freud,

> o pesadelo é freqüentemente a realização não velada de um desejo, mas de um desejo que, em vez de ser bemvindo, foi repelido e recalcado. A angústia que acompanha a realização desse desejo é um sinal de que o desejo recalcado mostra-se mais forte do que a censura e de que ele está se realizando ou vai se realizar, contrariando a censura. O sentimento de angústia que experimentamos representa a angústia diante da força desses desejos que, até aquele momento, tínhamos conseguido reprimir.

À primeira vista, é difícil de entender como é possível que certos sonhos, em que acontecem coisas muito desagradáveis, possam ser explicados como a realização de algum desejo. Para entendermos o que acontece nesses casos, convém examinar o exemplo de um sonho de uma das clientes de Freud. Essa senhora sonhou que sua filha única, de 15 anos de idade, estava morta, deitada dentro de um caixão. Como é natural, a senhora não podia de modo algum aceitar a tese de Freud segundo a qual aquele sonho realizava o desejo inconsciente de ver sua própria filha morta.

Depois de submeter a cliente ao método das associações espontâneas, Freud conseguiu descobrir o seguinte: como costuma acontecer com muitas mulheres que se casam cedo, ela se sentiu bastante desgostosa quando soube, quinze anos atrás, que estava grávida. Por várias vezes, desejou ardentemente abortar a criança. Certa ocasião, durante uma crise de cólera, depois de brigar com o marido, ela chegou até mesmo a esmurrar a barriga visando atingir a criança. Diante desses fatos passados, compreende-se perfeitamente que a cena do sonho em que sua filha aparece morta correspondia, sem dúvida, a um antigo desejo da senhora. Tratava-se, evidentemente, de um desejo esquecido a mais de 15 anos e que, ao se apresentar agora, não podia ser facilmente reconhecido sem o auxílio da psicanálise.

Os mecanismos do sonho

Como já vimos, todo sonho possui um conteúdo manifesto e um conteúdo latente. Observamos também que o sonho representa uma transposição, ou seja, uma espécie de tradução que transforma o conteúdo latente em conteúdo manifesto. Como já sabemos, esse processo foi chamado por Freud de o *trabalho do sonho*. Agora veremos com maior detalhe o que quer dizer isso.

Entre os principais tipos de trabalho do sonho, Freud distingue os quatro seguintes mecanismos: a condensação, o deslocamento, a dramatização e a simbolização. Cada um deles representa as diferentes maneiras pelas quais o conteúdo latente do sonho é transformado em conteúdo manifesto. Analisemos, em primeiro lugar, o que significa o mecanismo de condensação.

Quando não temos tempo para escrever uma carta e redigimos apenas um telegrama em lugar da carta, o que acontece? O conteúdo da carta é expresso de uma forma condensada no conteúdo do telegrama: em outras palavras, utilizamos um mecanismo de condensação. No sonho, acontece algo semelhante. O sonho costuma ser curto, pobre e lacônico, ao passo que as causas que provocam o sonho são muito mais ricas, profundas e complexas. Podemos dizer assim que aquilo que aparece nos sonhos é quase sempre uma abreviação, um pequeno resumo, de uma grande série de processos psíquicos que estão se desenrolando no inconsciente durante o sonho. Vejamos um exemplo esclarecedor.

Uma jovem senhora, chamada Helena, sonhou que estava passeando com uma amiga por uma das ruas da cidade. A certa altura, elas pararam diante de uma loja de modas para olhar os chapéus expostos na vitrine. Embora não se recordasse bem no momento em que contou o sonho, Helena acredita que chegou a entrar na loja e comprou um chapéu. Aí está um sonho bastante curto e que, aparentemente, não quer dizer nada. O psicanalista, entretanto, que conhece a existência do mecanismo de condensação, deve desconfiar desses sonhos curtos: provavelmente o sonho estará abreviando algo muito mais complexo. Com efeito, foi isso que ficou provado depois da análise das associações de Helena.

Ao ser interrogada sobre a amiga que aparece no sonho, Helena se recordou que, na véspera, tinha de fato passado por aquela rua com a amiga, tinham parado diante da loja, mas que não tinha comprado o chapéu. Continuando a fazer associações ela contou que naquele dia seu marido estava de cama. Embora não fosse nada de grave, ela havia passado o dia inquieta, sem conseguir afastar a idéia de que ele podia morrer. O próprio marido sugeriu-lhe então que desse um passeio, pois, assim, talvez esquecesse aquelas idéias negras. Depois de pronunciar a palavra "negras", Helena se recordou que durante o passeio havia conversado a respeito de um homem que conhecera antes de se casar e pelo qual estivera apaixonada.

O psicanalista perguntou-lhe então por que não se casara com ele. Helena explicou que sua fortuna e sua posição social eram muito superiores às dela. Sendo uma moça pobre, não poderia pensar em casar com um rapaz tão rico. O psicanalista pediu-lhe, a seguir, associações sobre a compra do chapéu. Ela contou que havia admirado muito os chapéus expostos na vitrine. Bem que gostaria de comprar um, mas isso não era possível devido a pobreza de seu marido. Ao dizer isso, Helena recordou-se subitamente que no sonho havia realmente comprado um chapéu. Lembrava-se agora com toda nitidez e reconhecia inclusive que o chapéu adquirido era negro.

Esse fato banal forneceu a chave para a interpretação do sonho. É muito freqüente esquecermos certas partes dos nossos sonhos: essas partes, diz Freud, "são sempre as mais importantes: elas levam diretamente à solução, pois é delas que vem a resistência" que provoca o esquecimento.

Tendo pensado na véspera que seu marido ia morrer, Helena sonhou com um chapéu de luto, realizando assim um desejo de morte. Como na vida real ela não podia comprar um chapéu porque seu marido era pobre, o fato de ela ter podido comprá-lo durante o sonho indica que seu marido, no sonho, era rico, ou seja, era o rapaz por quem esteve apaixonada e cuja existência foi revelada pelas associações. Em resumo, Helena não agüentava mais viver com seu atual marido e desejava, inconscientemente, sua morte, pois queria casar-se com o homem que havia amado e que, sendo rico, poderia lhe dar tudo que quisesse. Vemos assim que o sonho de Helena, aparentemente insignificante, vinha de fato realizar, de uma só vez, três desejos profundos: a morte do marido, o casamento com o homem que amava e a posse de uma fortuna que a transformasse numa mulher rica. Ao tomar conhecimento dessa interpretação, Helena concordou que era verdadeira.

Aí está, portanto, um bom exemplo do mecanismo de condensação. O trabalho do sonho, no caso que examinamos, consistiu em resumir numa fórmula telegráfica toda a complexidade do mundo interior de Helena. Uma série de problemas graves e complexos aparecem abreviados no sonho: os impulsos instintivos inconfessáveis à luz da consciência.

Não temos tempo suficiente para examinar, em seus detalhes, os vários mecanismos do sonho antes citados. Analisamos o que é a condensação e agora veremos, rapidamente os três outros mecanismos mais importantes: o deslocamento, a dramatização e a simbolização.

O deslocamento é o processo pelo qual a carga afetiva que é libertada durante o sonho não recai, como seria natural, sobre o seu verdadeiro objeto: a carga afetiva desvia sua direção e vai recair sobre um objeto secundário, aparentemente insignificante. Esse é um dos mecanismos fundamentais e tanto ocorre nos sonhos como nos fenômenos psíquicos patológicos.

Não é preciso dizer muito sobre esse fenômeno pois ele já é nosso conhecido. Com efeito, quando examinamos o sonho do estrangulamento do cachorrinho branco, o que vimos acontecer ali foi na realidade um processo de deslocamento. Se o leitor está bem lembrado do exemplo, deve se recordar que a carga afetiva, ou seja, o ódio contra a cunhada, deslocou-se completamente e foi recair sobre um cachorrinho branco que, aparentemente, nada tinha a ver com a história.

A dramatização é um outro mecanismo fundamental do sonho. Esse fenômeno consiste no fato de que nunca sonhamos com idéias ou relações entre idéias. O conteúdo dos nossos sonhos é sempre constituído por imagens e associações entre imagens. Quando estamos acordados, podemos raciocinar; quando estamos dormindo, só podemos imaginar. A atividade mental do sonho se limita a imagens de origem sensorial: imagens visuais, auditivas, táteis etc. É uma atividade mental de tipo inferior ao pensamento racional. Em outras palavras, os sonhos traduzem as idéias em imagens e, por isso, a interpretação dos sonhos tem de percorrer o caminho oposto, ou seja, descobrir qual é o significado racional das imagens oníricas.

A simbolização se dá quando as imagens que aparecem nos sonhos estão em relação com outras imagens. Um bom exemplo é o caso do homem que sonhou que estava lutando com uma arma muito pequena, quebrada e envolta em pedaços de pano. Na véspera ele tinha sofrido uma operação de fimose, fato esse que aparece simbolizado nas imagens do sonho. Outro exemplo: uma moça sonhou que um homem tentava montar um pequeno cavalo castanho muito fogoso. Depois de fazer três tentativas infrutíferas, só na quarta vez ele conseguiu se manter sobre a sela e cavalgar. A moça confessou posteriormente ao psicanalista que, de fato, namorava um rapaz que já havia tentado três vezes abusar dela. Essa moça, pequena, irritante e de cabelos castanhos aparecia simbolizada no sonho pelo cavalo.

O sexo

Os estudos de Freud sobre o sexo levaram-no a fazer uma série de afirmações que escandalizaram a sociedade de sua época. Hoje já encaramos com mais naturalidade essas idéias. Da mesma forma que homens dos séculos passados não poderiam ser capazes de fazer as descobertas científicas que hoje nos são tão familiares, como o rádio, a televisão ou a bomba atômica, da mesma forma os contemporâneos de Freud não podiam aceitar idéias novas sobre a importância do sexo na vida humana. As idéias novas são sempre combatidas quando surgem, principalmente quando vêm se chocar contra velhos preconceitos ou velhos privilégios arraigados há muito tempo.

Talvez o leitor não se escandalize com as teorias de Freud sobre o sexo que a seguir vamos examinar. O mais provável é que já as conheça em suas linhas gerais, pois já há muito tempo elas vêm sendo divulgadas, de uma forma ou de outra, em nossa sociedade. O espanto e a indignação que elas causaram na época em que foram apresentadas pela primeira vez já não se repete com a mesma intensidade atualmente. Essa é uma das provas de que muitas das idéias de Freud eram verdadeiras e acabaram sendo aceitas.

O sexual e o genital

O que é o instinto sexual? Para Freud ele é uma força que nos excita e que atua continuamente: essa força

69

nos dá um tipo especial de prazer todas as vezes que a satisfazemos de uma maneira acertada. O instinto existe e atua visando a realização de um determinado objetivo. Assim podemos dizer que a finalidade para qual existe o instinto sexual é a conservação e a perpetuação da espécie humana. Esse objetivo pode ser facilmente alcançado pelo fato de que a satisfação do instinto provoca em nós uma sensação de prazer. Se não sentíssemos prazer ao satisfazer nossos instintos, certamente eles desapareceriam.

Freud retira daí uma conclusão importante para sua teoria. Segundo seu modo de ver não devemos confundir os fatos sexuais com os fatos genitais. Uma coisa é o sexual, outra coisa, o genital. Para que o instinto sexual realize seu objetivo, ou seja, para que se verifique a reprodução da espécie humana é necessário que aconteça uma série de coisas. Uma delas é o coito, ou seja, o ato genital propriamente dito. Quando um casal está tendo relações sexuais, o instinto sexual está realizando seu objetivo, que é a reprodução da espécie. Mas as relações genitais são apenas uma parte da vida sexual: as sensações sexuais não se limitam apenas às sensações genitais.

De fato, para que um casal chegue a praticar o coito é preciso que antes seja estimulado por uma série de sensações sexuais preliminares, que vão produzindo um estado de excitação que acaba no coito. É muito grande o número dessas sensações sexuais anteriores ao prazer sexual propriamente dito. Antes de entrarmos numa relação genital, experimentamos uma enorme quantidade de processos psíquicos como, por exemplo, esperanças e temores, desejos e atrações, encantamentos e ternuras, ansiedade e agressividade etc. Todos esses processos psíquicos são sexuais e não genitais. Todos eles são necessários à realização do objetivo do instinto sexual, todos eles fazem parte da atividade sexual e, no entanto, não são genitais. Assim sendo, conclui Freud, os processos genitais constituem apenas uma pequena parte de nossa vida sexual. Nossa vida sexual é muito maior do que a nossa vida genital. A vida sexual é constituída pelas emoções sexuais mais os fenômenos genitais. A diferença entre ambos está em que as sensações sexuais têm por função desencadear os fenômenos genitais graças aos quais se faz a reprodução da espécie humana. As emoções sexuais são, portanto, processos psíquicos que, normalmente, conduzem aos fenômenos genitais.

Mas não é só nesse sentido que o sexo se distingue das funções genitais. Além de se manifestar nas sensações sexuais, o sexo pode se manifestar também em outros órgãos além dos órgãos genitais. Essa segunda distinção também é muito importante para compreendermos o verdadeiro significado da teoria de Freud. Tomemos o exemplo da boca. Quando utilizamos nossa boca para comer ou beber, experimentamos uma série de sensações de prazer a que chamamos de sensações gustativas. Muitos inimigos de Freud o acusaram de ter dito que os prazeres desse tipo são prazeres sexuais. Ora, na verdade, Freud nunca disse isso. O que ele afirmava é que às vezes usamos nossa boca para usufruir prazeres gustativos, mas outras vezes a utilizamos com o intuito de obter prazeres sexuais, como no caso do beijo, por exemplo. Assim, diz Freud, qualquer parte do nosso corpo pode ser utilizada de duas formas: ou para nos dar prazeres específicos, como é o caso dos prazeres gustativos, ou para nos dar prazeres sexuais, como é o caso do beijo. Essa teoria chama-se a teoria da dupla função. De acordo com ela, todas as vezes que uma determinada parte do corpo é transformada em fonte de excitação sexual, Freud dá a essa parte do corpo o nome de zona erógena, ou seja, zona que é capaz de gerar erotismo. No exemplo que tomamos, a boca é considerada uma zona erógena, pois ela tem uma dupla função: uma função gustativa e uma função sexual.

Depois dessas explicações, estamos agora em condições de compreender o que Freud entende quando usa a palavra sexo. Como vimos, ele tem uma idéia muito ampla a respeito do sexo. Para ele o sexo não se reduz às atividades dos nossos órgãos genitais: isto é apenas uma das partes do sexo. Além dessa, fazem parte do sexo uma grande quantidade de processos psíquicos, as chamadas sensações sexuais. E além das sensações sexuais existe a grande quantidade de zonas erógenas que são, praticamente, todas as partes do nosso corpo. Em vista disso, devemos tomar a precaução de não pensarmos apenas no aparelho genital quando analisarmos a teoria do sexo de Freud.

A evolução sexual

Freud afirma que as crianças, desde a mais tenra idade, exercem atividades sexuais. É fácil imaginar a revolta e a indignação dos contemporâneos de Freud ao ouvirem semelhante afirmação. Durante séculos e séculos a humanidade supôs que as crianças eram anjos inocentes e, de repente, aparece Freud para dizer que as crianças também têm sexo. Naturalmente as discussões que se travaram a respeito foram muito deturpadas pelos preconceitos e pela incompreensão da verdadeira tese de Freud. Se, desde o princípio, fosse conhecida por todos a distinção que fizemos acima entre o sexo e os fenômenos genitais, provavelmente o choque causado pela afirmação de Freud teria sido muito menor.

De fato, ao dizer que as crianças experimentam, desde o seu nascimento, uma série de processos psíquicos de natureza sexual, Freud não estava querendo dizer que as crianças praticam atos genitais da mesma forma como o fazem os adultos. Tanto é assim que ele chama nossa atenção para as fases de desenvolvimento do instinto sexual. O sexo tal como se manifesta nos adultos é o resultado de um longo processo de evolução que começa desde o nascimento. Como poderíamos quando adultos praticar atividades sexuais se o instinto sexual não existisse em nós desde que nascemos? O instinto sexual vai se desenvolvendo em nós pouco a pouco, vai passando por uma série de fases em sua evolução até atingir o estado normal da maturidade que caracteriza a idade adulta. É exatamente quando essa evolução não se processa normalmente que aparecem os casos de perversão sexual. Se tudo corre bem, nosso instinto sexual vai se tornando adulto e normal à medida que vamos nos desenvolvendo. Se, entretanto, aparece um fator qualquer que cria um obstáculo ao desenvolvimento do instinto, surge então uma anomalia, uma aberração sexual. Assim sendo, a existência do sexo nas crianças não deve causar espanto a ninguém. O que é anormal é o sexo das crianças não evoluir de maneira regular e adequada.

O primeiro período da sexualidade infantil vai desde o nascimento até a idade de cinco anos. Ao chegar a essa idade, o instinto sexual entra em um novo período denominado por Freud período de latência, durante o qual o sexo infantil não se manifesta abertamente, mas fica, por assim dizer, encubado, ou é desviado para outras atividades. Durante o período da latência, a energia sexual deixa de ser utilizada como energia sexual e passa a ser aplicada em outras finalidades. O leitor certamente se recorda desse fenômeno: é o processo de sublimação, que já estudamos no primeiro capítulo. A sublimação domina o panorama desde a idade de cinco anos até o surgimento da puberdade. Exatamente durante o período de latência é que aparecem as forças do super-ego que provocam a sublimação do instinto sexual. Nessa fase surgem os sentimentos de vergonha e de pudor em relação ao sexo. Chegando a puberdade, o instinto sexual se robustece e como que desperta outra vez para a vida, passando a se manifestar abertamente. Inicia-se aí uma fase de evolução. O aparelho genital começa a funcionar e as manifestações sexuais já são diferentes do sexo das crianças, pois este não é ainda um sexo de caráter genital.

Com a puberdade começa uma nova fase preparatória da sexualidade adulta normal.

Vejamos o que acontece com a criança. Segundo Freud, fazem parte do instinto sexual infantil uma série de sensações de prazer experimentadas pela criança. Em primeiro lugar, aparecem as sensações bucais. Em grande parte, essas sensações são manifestações do sexo da criança, o que é explicado por aquela teoria da dupla função que estudamos acima. A boca é uma zona erógena, e o prazer que a criança sente ao chupar é um prazer sexual. Os psicanalistas dão a esse fato o nome de erotismo bucal ou erotismo oral.

A finalidade de todo esse período, que vai de zero a cinco anos de idade, é a de preparar o aparecimento da fase genital adulta. Como vimos, o instinto sexual tem por objetivo último realizar a reprodução da espécie humana. Durante todo o crescimento do organismo, ele vai se preparando passo a passo até chegar o momento em que consegue alcançar o seu objetivo último pelo sexual propriamente dito. Sabemos que nos adultos as sensações de prazer nos lábios e na boca têm a função de desencadear a atividade do aparelho genital. A sensação que um beijo, por exemplo, provoca, faz o organismo sentir-se predisposto a realizar o ato sexual e permite assim, em última análise, a reprodução da espécie, satisfazendo o objetivo do instinto sexual.

Existem dois tipos de prazeres sexuais diferentes. O de um beijo, por exemplo, é chamado por Freud prazer preliminar. O prazer da ejaculação, ou seja, o orgasmo, é chamado prazer de satisfação. Este último só é possível depois da puberdade: não existe prazer de satisfação na infância. Mas para que ele possa existir na puberdade foi preciso que viesse sendo preparado desde a infância. Assim sendo, os prazeres sexuais experimentados pelos lábios e pela boca existem desde a infância e sua função é a de preparar o aparecimento, mais tarde, do prazer de satisfação. O fato de um menino de poucos anos de idade sentir prazer labial, mas não sentir ao mesmo tempo prazeres genitais, acompanhados de ereção do pênis, não significa que aqueles prazeres labiais não sejam prazeres sexuais. O pênis da criança não entra em ereção simplesmente porque seu aparelho genital ainda não está suficiente desenvolvido.

A criança quando chupa ou suga objeto está sentindo um prazer sexual, diz Freud. A prova disso encontramos numa conhecida perversão sexual dos adultos que consiste em obter prazer mediante o ato de chupar as partes sexuais de outra pessoa. Essa perversão, segundo Freud, não é outra coisa senão o simples reaparecimento, na idade adulta, do prazer buco-labial experimentado na infância. Na criança a boca funciona como uma zona erógena e ela conserva essa qualidade na idade adulta pelo beijo, considerado normal. O erotismo bucal, entretanto, pode reaparecer sob a forma de uma perversão sexual. Eis as palavras de Freud a respeito desse fenômeno:

> Quando mais tarde, na época em que o verdadeiro objeto sexual, o membro viril, já é conhecido, surgem reflexos que desenvolvem de novo a excitação da zona bucal, que havia permanecido erógena. Não é preciso um grande esforço de imaginação para colocar no lugar do seio materno ou do dedo que o substituiu, o objeto sexual atual, o pênis. Assim, essa perversão tão chocante que é a sucção do pênis tem uma origem das mais inocentes.

A segunda fase atravessada pelo instinto sexual na infância é aquela em que o ânus aparece como fonte de prazer sexual. Esse período foi chamado por Freud de fase anal. Os prazeres experimentados na região do ânus como, por exemplo, a sensação de alívio que nos dá o ato de defecar, representaram para Freud prazeres de natureza sexual. Segundo seu modo de pensar, se esse prazer não existisse desde a infância, não poderia haver o coito anal entre os adultos, que é uma perversão sexual comum em todos os povos da terra. Freud repete aqui o mesmo tipo de raciocínio feito acima: a perversão sexual só pode existir baseando-se em algum tipo de atividade que foi normal durante a infância. As práticas sexuais anormais são sempre o resultado de alguma atividade sexual normal que não se desenvolveu regularmente ao longo da vida da pessoa. O indivíduo adulto sente prazer, por exemplo, no coito anal em virtude de ter havido alguma atrofia ou algum desvio no desenvolvimento normal de suas sensações anais durante a infância. O indivíduo normal é aquele que passa pela fase anal e depois ingressa na outra fase seguinte e vai assim evoluindo. O indivíduo anormal é aquele que, por um motivo ou por outro, não consegue prosseguir nessa evolução normal e fica parado ou atrofiado em uma das fases da evolução do instinto sexual.

Um exemplo interessante de aberração sexual ligada aos prazeres anais é o caso de uma senhora que experimentava uma extraordinária volúpia todas as vezes que defecava. Esse fenômeno foi se agravando de uma tal forma, que, a partir de uma certa época, ela começou a reter suas fezes nos intestinos a fim de prolongar ao máximo o prazer que sentia quando defecava. Ela procurava se conter o quanto podia, de modo que as fezes que iam se acumulando produziam contrações musculares violentas provocando assim uma grande excitação na mucosa anal. Ela procedia assim desde sua infância, o que demonstra o fato de que não havia conseguido ultrapassar a fase do prazer anal. Com o passar do tempo, já adulta, chegou uma época em que ela retinha as fezes durante uma semana inteira. Cada vez que não conseguia mais conter a necessidade de evacuar, ela sentava-se sobre a perna dobrada fazendo que o salto do sapato colocado entre as nádega permitisse sustentar a musculatura prolongando por mais tempo a retenção das fezes.

Os prazeres ligados à uretra também são considerados por Freud de natureza sexual. Ao urinar, a criança, ao mesmo tempo que satisfaz uma necessidade fisiológica, experimenta um prazer sexual. Esse fato nada tem de extraordinário, pois sabemos que a micção está intimamente relacionada com a ejaculação. As pessoas que tem "urina fácil" são pessoas que também têm a "ejaculação fácil" e, vice-versa, a retenção da urina está associada à retenção da ejaculação.

Um bom exemplo é o caso de uma moça que tinha uma forte tendência para a masturbação e não conseguia controlar seus impulsos por mais que lutasse contra eles. Só uma coisa conseguia aliviar sua vontade de se masturbar: ela tinha de urinar para sentir um certo alívio. O ato de urinar lhe trazia assim uma satisfação sexual. Toda vez que reprimia o desejo de se masturbar, aparecia o desejo de urinar. Ela se levantava quatro ou cinco vezes por noite para ir ao banheiro e, em certas ocasiões, chegava a urinar na roupa, a fim de obter a satisfação sexual.

Outro caso semelhante é o de dois irmãos de tenra idade, uma menina e um menino, que sofriam dessa mesma tendência. A menina, desde o nascimento, urinava uma quantidade enorme de vezes. O pai procurou castigá-la de todas as formas possíveis, mas não obteve nenhum resultado. Todas as vezes que se assustava ou era castigada, ela urinava involuntariamente. Bastava que seus desejos não fossem satisfeitos para que ela urinasse de raiva. Quando tinha um ano e dez meses de idade, ela se postou diante do pai e urinou na roupa, tendo no rosto a expressão contorcida de uma pessoa que está se masturbando. Sua relação com o pai era bastante estranha. Toda vez que ele viajava, a menina perdia a mania de urinar alguns dias depois. Mas quando chegava o momento de ele voltar, o hábito aparecia outra vez. Se sabia de sua chegada, ela urinava na cama durante a noite. Até a idade de três anos não foi possível fazê-la urinar no lugar adequado. Quando a obrigavam a ir ao banheiro, ela não fazia nada por mais tempo que ficasse lá. Depois que se vestia ou ia se deitar, aí então urinava.

Com o menino acontecia algo diferente. Desde os três meses de idade, todas as vezes que sua mãe lhe lavava os órgãos genitais, seu pênis ficava ereto. Qualquer toque de dedos ou da mão de outra pessoa na região do pênis fazia com que ele ficasse rindo às gargalhadas, sentindo um grande prazer. Dias antes de completar um ano, sua mãe descobriu que ele se masturbava. Recusava-se a urinar sozinho e sempre queria que a mãe lhe segurasse o pênis. Só à custa de muitos castigos foi possível conseguir que ele perdesse o mau hábito urinar nas calças.

Antes de examinarmos a fase seguinte ao período de latência em que termina a infância e começa a puberdade, seria interessante indicar mais alguns fatos que parecem confirmar a tese de Freud, segundo a qual as crianças até cinco anos de idade vivem uma vida sexual intensa.

Todos nós sabemos que as crianças são capazes de experimentar sentimentos afetuosos inteiramente puros, sem qualquer relação com sexo. Freud afirma, entretanto, que, além disso, as crianças são capazes de ter sentimentos amorosos de natureza sexual. Há, até mesmo, casos extremos em que a criança chega quase a ter sensações de natureza genital, embora sem conseguir obter o orgasmo. Encontram-se nessa situação os casos colecionados pelo Dr. Towsend referentes a cinco meninas observadas por ele que, embora tivessem menos de um ano de idade, praticavam a masturbação esfregando uma coxa contra a outra. Uma delas, de apenas oito meses, costumava cruzar sua coxa direita sobre a esquerda, fechava os olhos e cerrava os punhos; depois de alguns minutos, os seus membros relaxavam, o corpo transpirava e o rosto tornava-se vermelho. Isso acontecia uma vez por semana e às vezes mais.

Há outros casos, muito mais freqüentes e corriqueiros, que provam a existência de sentimentos amorosos nas crianças. Uma das pesquisas realizadas a esse respeito chegou à conclusão que passamos a relatar.

De três a oito anos de idade, os sentimentos amorosos se manifestam da seguinte forma. O menino e a menina se abraçam, dão beijinhos um no outro, sentam-se sempre lado a lado, se procuram entre si e não procuram os demais, ficam tristes quando estão separados, sentem ciúmes, dão pequenos presentes um ao outro. Essas manifestações tão comuns decorrem, ao que tudo indica, do instinto sexual das crianças.

Eis o que conta uma senhora a respeito de seu sobrinho de três anos de idade. Embora fosse tão criança, ele manifestava uma ardente paixão por uma menina chamada Beatriz, que tinha também apenas três anos. Ele a seguia por todas as partes como se fosse o seu cachorrinho. Era filho único, muito egoísta, e jamais permitia que alguém tocasse no que era seu. Mas em relação a Beatriz, sua atitude era completamente diferente: ela podia fazer o que quisesse com seus brinquedos. Ele lhe dava tudo, as melhores coisas do mundo deviam ser para ela. Nunca se sentia suficientemente bem vestido e bem-arrumado quando ela estava presente. Certa vez um rapaz, brincando com Beatriz, deu-lhe um beijo no rosto. Isso foi o bastante para que o menino enciumado pegasse um machado e atacasse seu rival. Um dia ele pediu uma nota de mil cruzeiros à tia. Queria a nota para comprar Beatriz e tê-la exclusivamente para si.

Já vimos qual a relação que existe entre o sexo das crianças e as aberrações sexuais que se manifestam mais tarde na idade adulta. Vimos que os adultos sexualmente anormais quase sempre foram crianças em quem o instinto sexual não pôde se desenvolver de uma forma equilibrada. Aqui está um exemplo que mostra uma manifestação infantil normal sendo deturpada e tornando-se um caso de perversão sexual. Aos quatro anos de idade, Afonso era fortemente atraído pelo desejo de ver seus colegas nus e inventava uma série de expedientes para conseguir isso. Seu maior prazer era o de presenciar uma criança mais nova que ele satisfazendo suas necessidades fisiológicas. Essa curiosidade sexual podia até então ser considerada como normal numa criança de sua idade. Entretanto, aos cinco anos, aconteceu um fato profundamente chocante para Afonso. Certa vez, quando espiava um primo mais velho que estava nu dentro do quarto, foi descoberto pelo primo que avançou para ele com indignação e brutalidade. A partir daí, Afonso tornou-se definitivamente um tímido sexual. Passou a sentir vergonha de todas as coisas que lhe lembravam seus antigos desejos de criança. Tornou-se um adulto doentio: a maior excitação sexual que era capaz de experimentar consistia em descobrir as partes do seu corpo na presença de uma criança do mesmo sexo. Afonso tinha se tornado um exibicionista sexual.

Antes de Freud, a maioria das pessoas considerava que a puberdade era a época da vida em que aparecia pela primeira vez o instinto sexual. Supunha-se que, com a chegada da puberdade, a criança passava a ter vida sexual, perdendo sua antiga inocência infantil. Já vimos que Freud não concorda de modo algum com essa concepção.

Para Freud a puberdade não é o momento em que nasce o instinto sexual. Ao contrário, é justamente o momento em que o instinto sexual adquire sua forma definitiva, o momento em que ele se torna maduro e adulto. As várias partes que constituem a sexualidade infantil vão se juntando uma às outras, vão se unindo para formar um todo único. Todas as zonas erógenas que anteriormente viviam de forma independente uma das outras passam a se ligar entre si e ficam todas subordinadas ao comando da zona genital. Com a puberdade, surge o império da zona genital sobre as demais, pois é ela que passa a ser a mais importante de todas, uma vez que dela depende a função principal do instinto sexual, que é a reprodução da espécie. A puberdade significa assim, para Freud, a época em que a zona genital consegue se tornar capaz de realizar suas atividades, tornando assim possível a realização completa do ato sexual. Se a evolução do indivíduo está sendo normal, os prazeres sexuais mais intensos que é capaz de experimentar situam-se agora na zona genital.

A passagem para a puberdade não se faz da mesma forma no homem e na mulher. No homem a passagem é direta; na mulher há duas fases: na primeira a sensibilidade se localiza no clitóris e só depois de algum tempo é que ela passa a se localizar na vagina. O fato de ter de passar por duas etapas genitais coloca a mulher numa situação de inferioridade, pois nela são maiores as probabilidades de haver uma interrupção no processo normal de desenvolvimento. Por esse motivo é que Freud distingue dois grupos de frigidez feminina: a frigidez parcial em que a vagina é insensível, e só o clitóris tem sensibilidade; e a frigidez completa em que nenhuma das duas regiões pode ser excitada.

O complexo de Édipo

Antes de terminarmos esse capítulo sobre as idéias de Freud relativas à sexualidade, vamos finalmente examinar uma de suas concepções mais conhecidas e discutidas, chamada complexo de Édipo. Só agora podemos abordar esse problema porque, para bem entendê-lo, precisamos levar em conta que o complexo de Édipo é um fenômeno que pode ocorrer de três formas diferentes: na infância, na adolescência e na idade adulta. Em cada um desses períodos, o complexo de Édipo se apresenta de uma determinada forma. Em virtude das explicações que demos até aqui, o leitor já se encontra em condições de compreender que, por exemplo, durante a primeira infância o complexo de Édipo, embora tenha natureza sexual, não pode apresentar características genitais. Sendo desnecessário insistir sobre esse ponto, vejamos em que consiste o complexo de Édipo antes da fase genital.

Para começar, o que quer dizer Édipo? Édipo é o personagem principal de uma antiga lenda grega, cuja história foi marcada por dois acontecimentos trágicos: Édipo casou-se com sua mãe e matou o seu próprio pai. Depois disso, corroído pelo remorso, furou os seus próprios olhos para se punir. Essa mesma história, diz Freud, repete-se na vida das crianças em relação aos seus pais e mães.

De modo geral, segundo Freud, isso acontece quando o menino começa a manifestar uma exagerada preferência pela mãe. O menino passa a desejar que a mãe exista somente para ele, torna-se ciumento em relação ao pai e faz tudo para eliminá-lo de sua convivência com a mãe. Ao mesmo tempo, ou posteriormente, sente-se culpado de uma falta grave, experimenta remorsos em relação ao pai. A mesma coisa acontece com a menina: ela passa a desejar o pai e a repelir a mãe. Nesse caso o nome que se dá ao complexo é o de complexo de Electra.

Essa situação aparece claramente em certos diálogos muito comuns entre pais e filhos. Por exemplo:

— Mamãe, quando eu for grande vou me casar com você.

— E o papai? Que que ele vai dizer?

— Papai?... Ele estará morto.

Também nos desenhos feitos pelas crianças podemos encontrar a manifestação do complexo de Édipo. Num desses desenhos, um garoto traçou a sua figura e a da mãe dentro de uma igreja. Na frente dos dois ele desenhou um padre. No fundo, havia uma porta fechada e atrás da porta ele desenhou o pai. Com essas imagens é evidente que o garoto estava representando o fato de que ele se casa com a mãe e mata o pai, colocando-o atrás da porta, fora da igreja e incapaz de interferir.

O fato de que as crianças sejam capazes de ter sentimentos amorosos em relação a seus pais não constitui motivo de espanto para nós, pois já sabemos que as crianças tem vida sexual e o seu sexo não se manifesta de forma genital. Freud afirma, além disso, que o Complexo de Édipo não só é normal, como também que ele aparece e depois desaparece normalmente durante a infância. Com o simples passar do tempo, o complexo vai se dissolvendo e surge em seu lugar um perfeito equilíbrio nas relações entre pais e filhos. Quando a evolução é normal, as coisas se passam mais ou menos da seguinte forma:

1. O menino se liga à sua mãe por meio dos cuidados, das atenções e dos carinhos maternais. Com o tempo ele passa a querer sua mãe só para si: deseja possuí-la totalmente.

2. Pouco a pouco, ele descobre a importância do pai. Percebe que não é só ele que ama sua mãe. O pai também a ama e por isso torna-se seu rival.

3. O menino deseja casar com sua mãe, deseja possuí-la completamente só para si, sem interferência do pai.

4. Como ela já tem um marido, o menino deseja eliminar aquele rival inoportuno. Luta para conseguir isso, mas evidentemente não pode vencer o pai, pois este é muito mais poderoso do que ele. O jeito que encontra para se vingar é o de tornar-se agressivo, cínico, desobediente, zombeteiro etc.

5. Com o tempo, o menino muda sua maneira de amar. Em vez de querer a mãe só para si, ele passa daqui por diante a uma nova tendência: deseja proteger a mãe, tenta envolvê-la com o manto protetor contra o que possa vir contra ela. Não permite que ninguém a magoe.

6. Nessa fase, continua em competição com o pai, mas já agora admirando as qualidades do pai. Passa a imitá-lo, deseja igualar-se a ele e tornar-se mais importante do que ele. A essa altura, o menino já está "bancando o homenzinho".

7. Ao ir se tornando adulto, o menino vai se tornando independente, vai se desligando pouco a pouco da mãe. À medida que sua personalidade viril vai se firmando, ele deixa de competir com o pai e começa a tratá-lo normalmente.

8. Como um adulto normal, ele passa a se interessar pelas outras mulheres. Um belo dia se casa normalmente, sem que o complexo de Édipo tivesse deixado qualquer marca mais profunda em sua personalidade.

O que acabamos de descrever é a evolução normal em que o complexo aparece, ganha força e depois, pouco a pouco, vai sendo eliminado sem maiores problemas. Quando, entretanto, por algum motivo determinados fatores impedem esse desenvolvimento normal, aí as conseqüências podem ser muito dolorosas. Dependendo do caso, o complexo de Édipo pode estragar completamente a vida do adulto. Eis algumas das conseqüências que ele pode provocar: os homens que não conseguem vencê-lo tornam-se freqüentemente afeminados, acovardados e medrosos; as mulheres adquirem uma virilidade excessiva e prejudicial. Homens e mulheres tornam-se impotentes e frios, demonstrando grande timidez sexual. Experimentam sentimentos de inferioridade e o medo permanente de não serem aprovados nas coisas que fazem. Sentem-se culpados por atos que não realizaram sem que haja motivo algum para isso. Tornam-se excessivamente agressivos ou, ao contrário, sentem-se desarmados diante da vida. Freqüentemente, o complexo de Édipo provoca a homossexualidade, masculina ou feminina.

O primeiro caso que examinamos foi o das manifestações do complexo de Édipo durante a infância, época em que ele é perfeitamente normal. Vejamos agora como ele se manifesta depois da puberdade, ou seja, na época em que a vida sexual do indivíduo já entrou em sua fase genital. Para ilustrar esse segundo caso vamos citar o exemplo de um neurótico de trinta anos que sofria de uma série de perturbações sexuais decorrentes do complexo de Édipo, que se manifestou nele entre 10 e 15 anos. Esse neurótico contou ao psicanalista os seguintes fatos. Quando tinha 10 anos, viu um dia sua mãe completamente nua. Isso causou-lhe uma grande excitação sexual. Pensando nessa cena, ele se masturbou uma série de vezes. Até a idade de 15 anos, ele tinha o hábito de sempre dormir com sua mãe na mesma cama. Durante a noite, aproveitando-se do sono, ele esfregava seu pênis nas coxas de sua mãe. Embora dormindo, ela sempre se afastava e mudava de posição na hora em que ele estava quase a ponto de chegar ao orgasmo. Com o tempo, passou a odiar sua mãe.

Atualmente, tem horror a todos os seus desejos sexuais, até mesmo aos desejos normais. Freqüentemente manifesta a vontade de ser castrado. No dia em que seu pai morreu foi incapaz de experimentar qualquer sentimento doloroso: ficou completamente indiferente diante da morte do pai.

Esse exemplo mostra claramente o que é o complexo de Édipo genital. A exagerada preferência do menino em relação à sua mãe não se limita apenas ao campo afetivo e sexual, no sentido mais amplo dessa palavra. A atração pela mãe aparece ligada a sensações de prazer localizadas na zona genital.

Quando o complexo de Édipo não é eliminado normalmente durante a infância é de se esperar que ele continue a atuar nas idades posteriores e venha a se manifestar sob a forma de vários sintomas durante a vida adulta. Vejamos algumas dessas manifestações adultas do complexo de Édipo.

Suponhamos que o menino, amando a mãe e odiando o pai, não consiga enfrentar de homem para homem a luta contra o pai. Ao se dar isso, o complexo entra num caminho anormal de evolução. Não conseguindo lutar frente a frente contra o pai, o menino se sente inferiorizado e logo a seguir começa a experimentar sentimentos de remorsos cuja origem ele desconhece. Sente que alguma coisa de errado está acontecendo, mas é incapaz de descobrir sua causa. Sente-se culpado em relação ao pai, mas não sabe por que, uma vez que esses processos psíquicos são inconscientes e recalcados. Para redimir-se de sua culpa, o menino procura encontrar algum meio de conseguir o perdão do pai. Esforçando-se para ser perdoado a fim de se libertar de sua angústia inconsciente, a primeira coisa que o menino faz é abandonar a idéia de uma luta de homem a homem contra o pai. Ele se desfaz de sua agressividade para obter a indulgência e a admiração do pai. Para agradar ao pai ele vai cada vez mais abrindo mão de sua virilidade, vai se tornando subserviente e submisso, vai se rebaixando e se inferiorizando. Em vez de bancar o homem, ele passa a bancar a mulher, procura se identificar com a mãe para dividir com ela as simpatias e as atenções do pai.

Chegando a idade adulta, nos casos extremos o rapaz se torna um homossexual. Nos casos menos graves, ele se torna um tipo submisso e acovardado, que experimenta sempre a necessidade de sentir-se inferior aos demais. De um modo geral, é o seguinte o mecanismo desse processo. Tornando-se adulto, o rapaz tende a ver uma reprodução de seu pai em todos os homens com quem entra em relação. Encara todos os superiores como se fossem o próprio pai. Como continua experimentando o sentimento de culpa, procura obter as boas graças do chefe, do professor, do patrão, das autoridades em geral. Ele faz tudo para ser agradável porque necessita, mais do que qualquer pessoa normal, de se sentir aprovado pelos outros, e conquistar a simpatia e a indulgência dos outros. Eis um exemplo:

No escritório em que trabalha, Alfredo vive fazendo perguntas a seus superiores; quase sempre ele sabe a resposta de antemão, mas pergunta assim mesmo. Faz isso porque deseja mostrar que depende dos outros. Tem medo de sentir a desaprovação ou a indiferença dos outros; por isso faz tudo para provar que tem confiança nas pessoas e que precisa delas para dirigir seus passos.

Outro exemplo é o do rapaz que só se sente feliz quando recebe uma repreensão. Embora não compreenda por que, seu chefe acaba aprendendo como tratá-lo: basta que lhe dê um carão para que o rapaz se sinta novinho em folha e passe a trabalhar como nunca. De fato, o rapaz chega a dar a impressão de que procura propositadamente ser repreendido. Tudo faz crer ele não pode viver sem estar sendo continuamente recriminado. Isso é assim porque as punições que recebe lembram-lhe a severidade do pai que continua a castigá-lo e a perdoá-lo por suas faltas passadas.

Esse não é o único caminho anormal. O complexo de Édipo que não é devidamente eliminado na infância pode tomar uma outra direção e produzir um tipo humano diferente do que acabamos de examinar. Vejamos qual é esse outro caso de reaparição do complexo de Édipo na idade adulta.

O menino que ama sua mãe percebe rapidamente que ela não pertence exclusivamente a ele, pois ela pertence também a seu pai. Tal fato pode marcar profundamente a personalidade da criança, e isso acontece quando em seu espírito se instala a idéia de que o amor é sempre assim. Ele passa a achar que a disputa do objeto amado é essencial para haver amor: o fato de ter que disputar sua mãe contra seu pai se converte para ele numa fonte de excitação e prazer.

Ao chegar a idade adulta, uma das principais características dos homens desse tipo reside no fato de que eles não são capazes de amar uma mulher que seja realmente livre. A impressão que se tem é a de que eles só conseguem amar quando sentem que estão prejudicando a uma terceira pessoa, por exemplo, o marido ou o noivo da mulher amada. Muitas vezes acontece que o rapaz despreza uma certa moça por quem nunca demonstrou qualquer inclinação. Basta, entretanto, que ela arranje um namorado para que o rapaz repentinamente se apaixone por ela e passe a fazer tudo para tomá-la de seu rival.

Esse tipo de homem apresenta freqüentemente uma outra característica. Sente uma extraordinária atração pelas mulheres de vida suspeita, ou pelo menos por mulheres que não são inteiramente fiéis. Em casos mais graves essa atração vai ao extremo e o homem só consegue se apaixonar intensamente pelas prostitutas.

Uma outra característica que também pode se apresentar é o fato de que eles desejam salvar a mulher do pecado. Assim, pode acontecer que um homem desse tipo procure, em primeiro lugar, seduzir uma mulher usando para isso todos os artifícios que conhece, e, depois de tê-la seduzido, ele é perfeitamente capaz de recriminá-la pelo seu pecado e de condená-la pelo fato de ela não ter tido uma conduta moral exemplar.

Para Freud todas essas características são o resultado de uma reativação do complexo de Édipo na idade adulta. O complexo volta a atuar e produz todos esses sintomas estranhos que, aparentemente, não têm nenhuma ligação com a infância do indivíduo. A explicação dada por Freud é a seguinte.

O complexo de Édipo, quando não desaparece normalmente, deixa uma cicatriz que não se apaga mais. Os que carregam consigo essa marca só conseguem amar uma mulher contanto que haja uma rivalidade contra outro homem, da mesma forma que amavam sua mãe rivalizando com o pai. Como se explica a preferência pelas mulheres de vida suspeita?

De modo geral, as pessoas consideram a figura de sua mãe envolta num manto de pureza e honestidade. Mas isso é assim, diz Freud, apenas no consciente. O que se passa no inconsciente pode ser completamente diferente. Suponhamos, por exemplo, que uma criança é ainda muito nova e desconhece a existência dos fatos sexuais praticados pelos adultos. Um dia, conversando com um amigo mais velho, vem a saber que os pais fazem tais e tais coisas. Diante da revelação desses fatos repugnantes, a criança sente-se enojada e sua primeira reação é a de dizer para o amigo: "Pode ser que os seus pais façam essas coisas imundas. Mas é impossível que os meus também façam isso". Vê-se que, ao dizer isso, a criança está tentando defender o ideal de pureza e de castidade que ela atribui à figura de seus pais. Entretanto, acaba chegando o momento em que a realidade lhe mostra que sua crença não passa de uma ilusão. A criança é obrigada a reconhecer que também os seus pais fazem coisas feias e, ao admitir isso, a imagem que o menino tinha antes de sua mãe fica daí por diante contaminada pela imundície e pelos pecados do mundo: sua mãe deixa de ser uma santa e passa a ser uma mulher que faz coisas feitas. Com o passar do tempo, esses fatos acontecidos na infância vão ficando para trás e caem no esquecimento. Mas, embora depositados no fundo do inconsciente, esses fatos continuam a dominar a vida dos adultos. O indivíduo sente-se atraído pelas mulheres de vida suspeita da mesma forma que outrora sentia-se atraído pela mãe. O desejo de salvar as mulheres decaídas também está ligado às lembranças da infância. Quando criança, o menino sentia que devia a vida a seus pais e isso pode fazer que nele nasça o desejo de recompensar os pais ao chegar a idade adulta. Deseja salvar as mulheres do pecado em substituição ao fato de não ter podido salvar sua própria mãe.

O complexo de castração

Antes de encerrarmos este capítulo, queremos dizer algumas palavras sobre um outro complexo de que o leitor já deve ter ouvido falar: o complexo de castração.

Existe em certas crianças o medo mental de serem castradas ou até mesmo a convicção de que já foram castradas. Isso pode acontecer por uma série de motivos, mas o principal deles é quase sempre uma educação mal conduzida por parte dos pais e das pessoas adultas que convivem com a criança. É fácil imaginar que as conseqüências desse complexo podem ser bastante graves. Como se forma o complexo de castração? Na realidade, ele pode aparecer das mais diferentes maneiras. Eis o que conta a esse respeito uma doente mental portadora de diversas perversões sexuais:

> Minhas primeiras idéias sobre a superioridade dos homens sobre as mulheres surgiram do ato de urinar. Eu odiava a natureza por me haver privado do órgão tão bonito e útil que dera aos homens. Nunca precisei de ninguém que inculcasse a teoria da superioridade masculina, pois eu tinha a prova disso constantemente diante de mim.

Esse caso é um exemplo típico do que Freud chamava "inveja do pênis". A história seguinte, contada por uma menina de 13 anos, dá uma idéia mais clara do que devemos entender pelo fenômeno de "ilusão de castração", que vem sempre acompanhada por emoções muito intensas resultantes da "angústia de castração".

> Ana tinha o espírito repleto de fantasmas relativos ao nascimento das meninas, fantasmas que são menos raros do que supomos. Ela imaginava que todas as crianças ao nascerem pertencessem ao sexo masculino. Ela acreditava que, depois do nascimento, o médico, ou a parteira ou os próprios pais transformavam os meninos em meninas, cortando seus órgãos sexuais. Eles cortaram os órgãos sexuais das meninas, dizia ela, e começava a chorar violentamente pensando no que devia ter acontecido a ela própria.

As causas que explicam o surgimento do complexo de castração podem ser encontradas em outros fatos mais diretamente ligados à educação das crianças.

Muitos pais observam que seus filhos manifestam a tendência de ficar mexendo toda hora nos seus órgãos sexuais. Certas crianças adquirem até mesmo a mania de exibir o sexo às pessoas presentes. Esse hábito é, no entanto, perfeitamente normal e tende a desaparecer por si mesmo com o passar do tempo. Mas os pais muitas vezes não sabem se comportar como deviam e adotam uma atitude das mais prejudiciais, tentando corrigir a criança com ameaças do seguinte tipo: "Se você continuar mexendo aí, eu vou cortar isso!" Ou então, "Se você não se comportar direitinho, o ladrão vai roubar o seu pirulito".

Um dos resultados desses erros de educação pode ser o aparecimento de perturbações psicológicas graves como as neuroses e psicoses. Passemos, portanto, ao capítulo seguinte, onde estudaremos alguns desses casos.

Neuroses e psicoses

Comecemos por um exemplo em que vemos como um neurótico de 28 anos descreve o seu próprio caso.

> Luto o tempo todo contra um impulso. Sempre sinto esse impulso e, às vezes, tenho uma crise mais aguda. Imagino que estou cortando os meus órgãos genitais. Fico às vezes meia hora concentrado nisso, imaginando minha castração em seus mínimos detalhes. Freqüentemente aproximo uma tesoura dos meus órgãos, vou apertando a tesoura até sentir dor, só para ver como deve ser horrível uma castração. Não adianta. Não adianta lutar contra isso; uso toda minha força de vontade, digo que sou um imbecil e um maníaco, mas não adianta: continuo a imaginar as mesmas coisas. Quando insisto muito fico exausto, com suores frios, tremendo e pálido como um morto e fujo de casa para esquecer. Tive de comprar um barbeador elétrico. Não posso usar gilete: fico horas a fio me olhando no espelho e levando a gilete até os meus órgãos sexuais. Acabava tendo de ir trabalhar barbado e com um esgotamento que ninguém pode imaginar.

Existem muitos tipos de neuroses e uma grande quantidade de sintomas aparecem em cada um desses tipos. A mesma coisa acontece em relação à psicose. Qual é a diferença mais importante entre a neurose e a psicose? De um modo geral a diferença está no grau de consciência que a pessoa tem do seu estado.

Um sujeito pensa, por exemplo, que as pessoas o estão perseguindo. Se ele sente isso e, ao mesmo tempo, tem consciência de que isso é um absurdo, então ele é apenas um neurótico. Mas se, ao contrário, o sujeito acha que o que está sentindo é verdade, se ele acha que a sua alucinação não é uma ilusão, mas algo que está de fato acontecendo, então o que ele tem é uma psicose.

Um neurótico pode imaginar que é uma pessoa superior a todas as outras, que não existe ninguém melhor do que ele; pode pensar que é um presidente da república, um grande escritor, um grande médico etc. Entretanto, o neurótico, embora não consiga se libertar dessas fantasias, sabe que, no fundo, elas são absurdas. Ao contrário, um indivíduo atacado de psicose acredita sinceramente que é Napoleão. Não consegue ver que isso é um absurdo, porque na psicose o doente fica estranho à realidade, ou seja, fica alienado. A psicose, sendo uma doença mais grave do que a neurose, impede que o doente compare o que ele imagina com o que acontece na realidade. Não podendo fazer isso, o doente perde consciência do seu estado.

No exemplo que citamos anteriormente, vê-se perfeitamente que o doente compreende que o seu desejo de se castrar é completamente absurdo. O que faria uma pessoa normal que tivesse a idéia de se castrar? Faria uma coisa muito simples: passava a pensar noutra coisa e esquecia aquela idéia. Naquele exemplo, entretanto, vimos que o indivíduo fazia todo esforço possível para se libertar daquela idéia e, no entanto, não conseguia. Ele sabia que a idéia era absurda, queria se esquecer dela e pensar em outra coisa e, no entanto, não conseguia. Essa é a diferença entre a pessoa normal e o neurótico.

Toda pessoa normal sente medo quando se encontra diante de um perigo. O medo que o neurótico sente, entretanto, não é um medo normal, é um medo mórbido, patológico, doentio. O medo normal é uma reação diante de um perigo real. A angústia que o neurótico sente é uma reação diante de perigo imaginário, um perigo que não existe realmente. O leitor poderia perguntar: por que então o neurótico não pára de sentir angústia e medo quando compreende que o perigo que o está apavorando não existe na realidade? Essa pergunta nos revela todo o problema da neurose, ela nos mostra um fato da maior importância: o perigo que ameaça o neurótico é imaginário, mas a angústia que ele sente não é imaginária. Sua angústia é real. Um neurótico pode dar a impressão de que está fingindo, mas isso é apenas uma impressão que as pessoas normais têm. De fato, ele está sofrendo, pois o que está sentindo existe realmente dentro dele. Sendo um neurótico, ele não pode se libertar, não pode fazer o que uma pessoa normal faria se estivesse no seu lugar. Para compreender o que é isso, o leitor deve imaginar com atenção o seguinte exemplo.

Miguel é um rapaz de 15 anos que pratica a masturbação solitária. Seu pai lhe dizia freqüentemente: "Se você continuar fazendo isso, você vai pegar uma doença horrível". E Miguel, que vivia inferiorizado pela brutalidade e a crueldade do pai, passou a experimentar durante anos um verdadeiro pavor de se tornar sifilítico, pois acabou se convencendo de que a masturbação provocava a sífilis. Com o passar do tempo, esse medo foi se estendendo a todas as outras manifestações da vida sexual: tudo que tinha relação com sexo fazia Miguel pensar em sífilis. Quando tinha 18 anos, toda vez que andava na rua e tinha algum pensamento sexual, Miguel sentia uma angústia horrível. Tinha de entrar correndo no banheiro de algum botequim para examinar o seu corpo, a fim de verificar se os sinais da sífilis já não estavam aparecendo em sua pele. Carregava sempre consigo um vidro de álcool para se desinfetar imediatamente assim que contraísse a moléstia. Veja o leitor que de nada adiantaria alguém explicar a Miguel que o simples fato de pensar numa cena sexual não o transformaria num sifilítico. O perigo da sífilis era imaginário, mas o medo que Miguel sentia de se tornar sifilítico não tinha nada de imaginário: era um medo real e verdadeiro que não podia ser combatido assim tão facilmente.

Essa observação é fundamental para compreendermos a neurose. Imagine o leitor por exemplo um caso de histeria (a histeria é uma das neuroses). Um neurótico atacado de histeria pode de repente ficar paralítico, sem que exista nenhuma causa orgânica produzindo a paralisia. Na realidade ele não é paralítico, mas fica paralítico. Diante de um fato como esse a maior parte dos médicos anteriores a Freud dizia que o indivíduo estava fingindo. Achavam que o doente poderia andar a hora que quisesse, pois os exames médicos mostravam que não sofria de paralisia orgânica. A reação de Freud entretanto foi diferente. Freud percebeu que não se tratava de fingimento, pois o doente não podia andar mesmo que quisesse, embora não fosse um paralítico. A mesma coisa podemos dizer de qualquer outra manifestação de histeria. Suponhamos um histérico que diz estar cego. Não adianta dizermos a esse neurótico que ele pode ver as coisas, uma vez que não é cego e apenas pensa que é. Não adianta afirmarmos ao histérico que não é um cego de verdade; como ele poderia aceitar essa afirmação se, na realidade, não está vendo nada?

A causa da neurose

Para Freud, as neuroses não têm uma causa orgânica, mas uma causa psíquica. Para descobrirmos o que está provocando a neurose, não basta examinarmos o que está se passando com o corpo do indivíduo: temos de saber o que está acontecendo em seu psiquismo; e para descobrirmos isso, temos de examinar a história desse psiquismo, devemos levar em conta tudo o que aconteceu durante a vida psíquica do doente, desde sua infância até o momento atual. Somente quando conhecemos a história de sua vida é que podemos compreender por que razão apareceram os sintomas atuais. Para Freud, o importante é o passado do neurótico e não o organismo do neurótico.

É importante compreendermos essa diferença entre a teoria de Freud e as teorias dos cientistas anteriores a ele. Para melhor entender a questão, vamos comparar o nosso psiquismo a uma locomotiva andando, e o nosso corpo a tudo aquilo que é preciso para que a locomotiva ande. Por que razão surgem as doenças mentais? Em outras palavras, por que razão a locomotiva pára de andar?

Os cientistas anteriores a Freud davam várias explicações para isso. A locomotiva pode ter parado, por exemplo, porque uma peça quebrou. É o que se dá quando há uma lesão no organismo. Pode acontecer também que falte água ou falte carvão, ou seja, uma deficiência orgânica qualquer faz com que a locomotiva não seja alimentada de energia como deveria ser.

O ponto de vista de Freud era diferente. Para ele o psiquismo não deve ser comparado a uma locomotiva, mas sim a duas locomotivas. Em nosso psiquismo há duas locomotivas funcionando ao mesmo tempo. Suponhamos que as duas estão andando sobre o mesmo trilho, em sentidos opostos. Chega um momento em que elas acabam ficando uma contra a outra e nenhuma das duas pode continuar andando. Quando a locomotiva pára, é isso que acontece. Uma locomotiva paralisa a outra, porque as duas estão fazendo força em direções contrárias.

As explicações dos outros cientistas baseavam-se na idéia de que a locomotiva parava por falta de alguma coisa: falta de uma peça, falta de água, falta de carvão. O corpo deixava de fornecer ao psiquismo alguma coisa de que ele precisava para funcionar. Para Freud, entretanto, o mais importante não é essa idéia de falta, mas a idéia de luta, a idéia de conflito entre duas forças opostas. Assim, a causa mais importante das neuroses para Freud é a existência de algum conflito interno entre as forças psíquicas que constituem o nosso psiquismo.

Evidentemente Freud aceitava a idéia de que muitas neuroses podem ter sua origem em fatores orgânicos. Por exemplo: ele combatia a tese de que a hereditariedade fosse a única causa das neuroses, mas compreendia perfeitamente que ela podia ser uma das causas: se uma criança descende de pais sifilíticos, é evidente que essa hereditariedade deve ser levada em consideração como uma das causas que podem provocar uma neurose posterior. A mesma coisa pode-se dizer das intoxicações e das doenças infecciosas. Essas perturbações orgânicas podem enfraquecer o psiquismo e favorecer o aparecimento de uma neurose.

Entretanto, embora reconhecesse o papel desses fatores orgânicos, o importante para Freud eram os fatores psíquicos. Ao estudar um caso de neurose sua atenção se concentrava nos elementos psíquicos adquiridos ao longo da vida do indivíduo, procurando descobrir quais foram os acontecimentos da infância, a educação, as influências exercidas pelo ambiente, as emoções experimentadas etc. Por que isso? Porque é exatamente ao longo da vida da pessoa que devem ter surgido os conflitos, os dramas e as lutas interiores, que acabaram encontrando uma válvula de escape na neurose.

Para estudar melhor o fenômeno da neurose, os cientistas costumam fazer em seus laboratórios algumas experiências interessantes. Vamos descrever uma dessas experiências em que um cientista russo chamado Pavlov, pegando um cachorro perfeitamente sadio e normal, conseguiu depois de algum tempo transformá-lo em um cachorro neurótico. Como se faz isso?

Sabemos que qualquer animal começa a salivar todas as vezes que lhe servimos comida. Basta que ele veja a comida ou sinta o seu cheiro para que a saliva lhe venha imediatamente a boca. Pavlov fez o seguinte com um cachorro do seu laboratório. Ao mesmo tempo que lhe mostrava a comida, dava-lhe um forte choque elétrico. Ao sentir o choque, o cachorro se apavorava, parava de salivar e perdia a fome, recusando a comida. Esta reação de defesa diante do choque é uma reação perfeitamente normal: embora estivesse com fome, o cachorro procurava se defender do choque, esquecendo a vontade de comer. Depois que o cachorro se assustava e queria fugir, Pavlov o agarrava e o obrigava a comer à força, empurrando a comida em sua boca. Pavlov foi repetindo essa mesma experiência todos os dias durante semanas e semanas. Aos poucos o cachorro foi se acostumando com o choque violento que recebia na hora das refeições. Até que chegou um momento em que o choque já não causava mais nenhuma dor no cachorro. Ao levar o choque, o cachorro, em vez de sentir dor, sentia vontade de comer e a sua boca se enchia de saliva. Para que o cachorro começasse a salivar já não era mais preciso mostrar-lhe a comida: bastava lhe dar um choque e ele se punha a salivar como se estivesse diante de um prato apetitoso. O cachorro havia recalcado a reação de dor e de defesa que sentia antes.

O cachorro de Pavlov havia se transformado num cachorro neurótico. Isso é demonstrado pela continuação da experiência. Depois que o cachorro se acostumou com o choque violento, Pavlov passou a fazer o seguinte: dava-lhe um choque bem fraco antes de lhe mostrar a comida. Qualquer cachorro normal não se incomodaria de modo algum: ficaria perfeitamente calmo e comeria o alimento. O cachorro de Pavlov, entrentato, tinha uma reação violenta de pavor e de desespero diante do choque fraco. Ele tinha se acostumado com o choque violento, mas o choque fraco lhe provocava uma dor e um desespero muito maior do que aquele que sentia no princípio da experiência. Isso quer dizer que o esforço feito pelo cachorro para se tornar insensível em relação a uma coisa fez com que ele se tornasse super-sensível em relação a fatos de importância muito menor.

O mesmo tipo de experiência acontece com os soldados durante a guerra. Soldados que, no princípio da guerra, são pessoas perfeitamente normais, depois de algum tempo acabam se tornando neuróticos de guerra. Analisemos o que acontece com os soldados. A primeira vez que ele enfrenta um bombardeio inimigo, sua reação é igual a do cachorro de Pavlov. Ele se apavora com o ataque do inimigo e sente o impulso de fugir, impulso que vem de seu instinto de conservação. Mas como a educação ensinou ao soldado que fugir é covardia e que ele deve enfrentar o perigo, o soldado faz um esforço e procura recalcar aquele impulso instintivo. Em cada um dos combates, durante semanas e meses, o soldado é obrigado a reprimir os seus impulsos de defesa da mesma forma que o choque. Mas acontece que esses impulsos, que vão sendo recalcados no inconsciente dia após dia, vão aos poucos se acumulando, como as águas de um rio que são bloqueadas por uma barragem. O soldado vai assim se transformando num neurótico, embora não perceba o que está acontecendo. Um dia, as águas acumuladas e contidas ficam mais fortes que a barragem; então as águas arrebentam a barragem e a neurose surge com todos os seus sintomas. De repente, diante de qualquer fato sem importância, o soldado começa a manifestar as reações mais estranhas e descabidas. Sente crises de ansiedade, tem sonhos delirantes, entra em estado de confusão mental, tenta o suicídio etc. A neurose de guerra fez com que ele ficasse supersensível. Muito tempo depois da guerra, ele ainda poderá ter ataques de pavor ou desmaiar ao ouvir o simples estouro de uma garrafa de champanhe.

Esses exemplos são importantes para compreendermos o modo pelo qual Freud interpretava a neurose. Para ele, a origem da neurose se encontra nos recalques dos nossos impulsos instintivos, especialmente nos recalques dos impulsos sexuais. Os hábitos que adquirimos desde a infância, como o hábito daquele soldado que considerava uma covardia o desejo de fugir, podem um dia vir a entrar em choque com algum dos nossos impulsos sexuais provenientes do inconsciente. Pode haver um conflito entre esses impulsos e os princípios morais e os hábitos que nos foram inculcados pela educação. Ocorrendo um conflito entre essas forças psíquicas, uma delas acaba vencendo a outra. Se a educação vence os instintos, o impulso é recalcado para o inconsciente. Com o passar do tempo, pode ser que apareça algum fator que enfraqueça a força vitoriosa. Quando isso se dá, a força que foi recalcada volta a aparecer, mais poderosa do que nunca. O impulso recalcado tende a se manifestar com toda a sua violência. Se a censura ainda resiste e não o deixa passar completamente, surgem então os sintomas de uma perturbação psíquica. Não podendo se manifestar completamente, e não podendo também continuar reprimido no inconsciente, o impulso recalcado se manifesta sob a forma dos mais variados sintomas.

Os sintomas neuróticos são assim o resultado de uma luta, a conseqüência de um conflito entre duas forças opostas. De um lado, a nossa moral e a nossa educação acham que o que é melhor para nós é fazermos uma determinada coisa. De outro, as tendências instintivas acham que o que devemos fazer é uma outra coisa. Ficamos assim sem saber o que devemos realmente fazer, porque o que é bom para nós de certo ponto de vista não é bom de outro, e o que é bom para este, não é bom para aquele.

Como não conseguimos fazer nem uma coisa nem outra, entramos em crise. Nestes casos, geralmente o que acontece é que o instinto sexual, como não pode se manifestar em seu estado atual, regride a uma fase anterior da sua evolução. Não conseguindo se satisfazer, o instinto volta a uma fase infantil e se manifesta como se o indivíduo ainda não tivesse chegado à idade adulta. Aparecem assim as perversões sexuais em que o doente procura satisfazer suas tendências sexuais como se ainda fosse uma criança. É o instinto adulto disfarçado de instinto infantil. Se, entretanto, a censura não deixa passar sequer essas manifestações infantis, então aparecem os sintomas neuróticos.

Até aqui vimos em linhas gerais a explicação das causas da neurose. Examinaremos agora um caso típico de neurose, em que mostraremos como Freud explica a cura.

A cura da neurose

O caso que vamos contar é o de uma doente de 45 anos. Bastava olhar o seu rosto sempre crispado para percebermos um estado permanente de inquietação e de insatisfação. Sofria de uma ansiedade constante. Durante algum tempo, foi dominada pelo medo de morrer envenenada por gás. Tinha tanto medo de que os canos estivessem furados e deixassem escapar o gás, que um dia resolveu acabar com o fogão e o aquecedor a gás de sua casa. Mandou arrancar os aparelhos e passou a usar somente fogareiro e chuveiro elétricos. Ela era viúva e outra coisa que a atormentava muito em sua vida era o medo de não estar indo regularmente ao túmulo do marido. Tinha a preocupação de calcular exatamente o número de visitas que devia fazer ao cemitério, de modo que não fosse lá nem demais, nem de menos.

Com o passar do tempo, a obsessão que passou a dominá-la mais do que todas as outras foi o nojo em relação a todas as impurezas que saem do corpo humano. A saliva, a urina, as fezes, o sangue das regras provocavam nela uma violenta reação de repugnância que ela não conseguia controlar. Todos os outros tipos de sujeiras ou impurezas, como poeira ou micróbios, não lhe causavam nenhuma reação. Mas sentia um horror extraordinário pelas substâncias que saíam do próprio corpo ou do corpo das outras pessoas.

O tempo todo ela se preocupava com o fato de que os objetos que usava poderiam estar sujos por alguma daquelas imundícies. A cada momento ela examinava os pentes, as escovas, os lenços, as toalhas, as roupas de baixo, as chaves etc. Para evitar qualquer sujeira. Toda hora ela estava lavando alguma coisa. Lavava suas mãos mais de cem vezes por dia porque sempre tinha a impressão de haver tocado em algum objeto sujo. Quando ia escovar os dentes, pensava que talvez tivesse ficado alguma saliva na escova e só conseguia usá-la depois de lavá-la uma porção de vezes para tirar a saliva que tinha ficado ali. Depois que ia ao banheiro fazer suas necessidades, não conseguia parar de lavar as mãos por muito tempo. Quando ficava menstruada, seu pavor era imenso, pois temia encontrar manchas de sangue em todas as partes da casa.

Ela obrigava todas as pessoas da casa a tomarem as mesmas precauções que ela. Sua empregada tinha sempre de lavar as mãos antes de tocar em objetos que depois a patroa iria usar. Quando a empregada ia ao banheiro, ela ficava vigiando a fim de ver se a mulher se limpava tão bem quanto deveria.

Essa senhora neurótica tinha um amante que visitava sua casa. Quando ele chegava, tinha de fazer a mesma coisa que ela para entrar em casa. Tinha de tirar os sapatos e as meias para limpar tudo com álcool, pois podiam ter tocado nos excrementos, na urina ou nos escarros que existem nas ruas.

Sua mania de limpeza não a abandonava um minuto. A todo instante estava mandando lavar objetos que podiam estar sujos. Punha para lavar mais de vinte lenços por dia. Às vezes tinha crises agudas. Vinha-lhe uma impressão intensa de que estava suja em alguma parte do seu corpo que não conseguia saber qual era. Sentia então uma verdadeira crise de inquietação e de angústia, durante a qual ela se lavava sem parar, sem conseguir se tranqüilizar. Nessas ocasiões, tinha ao mesmo tempo a impressão de que, de uma hora para outra, ela iria cuspir sobre os objetos. Embora tivesse horror a isso, sem saber porque ela achava que iria cuspir e sua boca se enchia de saliva, o que aumentava ainda mais sua repugnância.

Este é um caso típico de neurose de obsessão. Como é possível curar a pessoa atingida pela neurose? À primeira vista, parece ser muito fácil. Tudo o que o doente sente não corresponde à realidade, os medos que experimenta não têm nenhuma razão de ser aparente. A pessoa sente medo de estar suja, como no caso da senhora que acabamos de contar, e no entanto não há razão nenhuma para sentir medo disso. Assim sendo, parece que bastaria conversar com o neurótico e mostrar-lhe que as suas aflições são infundadas para que ele caísse em si e parasse com suas manias. Do ponto de vista da pessoa normal parece simples resolver o problema, porque a impressão que se tem é a de que o neurótico ou está fingindo ou está simplesmente equivocado. Pensa-se que, para curá-lo, seria suficiente mostrar-lhe que ele está errado ao agir da maneira que age. Vendo o seu erro, o neurótico ficaria bom.

Não é essa, entretanto, a opinião de Freud. Para ele a questão é mais complexa, pois a experiência lhe ensinou que não se deve dizer jamais ao doente que ele está errado ao sentir um determinado medo, que ele não se deve deixar prender por uma determinada obsessão ou que não é verdadeira uma determinada idéia delirante em que o doente acredita.

Para Freud só existe um meio de conseguir a cura. Só o próprio doente é capaz de curar-se e, para que o próprio doente se cure, é preciso que ele descubra com seus próprios olhos qual é a *causa* de sua neurose. É preciso encontrar a causa, e só o doente é capaz disso. O que a psicanálise pode fazer consiste apenas em ajudar a pessoa, facilitando o esforço que ela tem de fazer para mergulhar em seu inconsciente, a fim de encontrar a causa que está provocando os sintomas neuróticos.

Se o psicanalista pretendesse argumentar com o doente procurando refutar suas idéias mórbidas, estaria agindo como se fosse um professor e não é assim que um psicanalista deve agir. Na opinião de Freud, a psicanálise não deve nunca ter a ilusão de que é possível atacar um sintoma de frente. O sintoma, sendo apenas um efeito e não uma causa, só pode ser combatido com êxito se for atacado pelas costas. Toda perturbação psíquica, por mais absurda que ela possa parecer a uma pessoa normal, tem sempre uma razão de ser, tem sempre uma causa que lhe deu origem. Para poder dominar a perturbação psíquica é preciso descobrir essa causa, pois só acabando com a causa acabamos com o efeito. Assim sendo, em vez de dizer ao paciente "Você está errado em pensar dessa forma", o psicanalista deverá fazer com que um dia o próprio cliente seja capaz de dizer: "Agora estou vendo por que razão sinto esses sintomas doentios".

Como é possível conseguir a cura? Examinemos um caso do dr. Joseph Breuer, que foi o iniciador da psicanálise, como o próprio Freud costumava afirmar. Uma das clientes do dr. Breuer apresentou certa vez o seguinte sintoma: sofria uma sede intensa e não conseguia beber nenhuma espécie de líquido. Isso se passou durante o verão, o que contribuía para aumentar ainda mais a sede da moça, mas por maior que fosse a sede, não havia possibilidade de ela beber sequer um gole de água. O máximo que conseguia era segurar o copo entre as mãos, mas assim que o copo encostava em seus lábios, ela o atirava longe, tomada de verdadeiro horror. Tinha de se alimentar comendo frutas para aplacar a sede que a atormentava. Essa situação prosseguiu durante seis semanas.

Breuer submeteu sua cliente à técnica das associações de idéias fazendo com que entrasse em sono hipnótico e começasse a fazer associações a partir das palavras que Breuer lhe sugeria. As associações foram se desenvolvendo até que um dia ela conseguiu se recordar, com grande desgosto, de uma cena que acontecera meses atrás e da qual tinha se esquecido completamente. Contou que um dia, ao entrar em seu quarto, encontrou o cachorro de sua empregada bebendo água de seu copo. Ela sempre sentira um grande ódio pela empregada, pois esta implicava com ela e a perseguia, mas seu pai protegia a empregada e não concordava com a idéia de mandá-la embora a pedido da filha. Ao ver o cachorro da empregada bebendo água de seu copo, o impulso que a doente sentiu foi o de explodir com a empregada e pô-la no olho da rua. Entretanto, teve de conter-se, preferindo não dar expansão ao impulso, com medo de vir a aborrecer profundamente seu pai.

Graças à associação de idéias, a moça conseguiu recordar esta cena que havia desaparecido completamente de sua consciência. Ao reviver a cena, ela trouxe o fato esquecido de onde estava, nas profundezas do inconsciente, para o campo iluminado da consciência. Enquanto contava e revivia aquela cena, usava gestos e expressões de uma pessoa encolerizada, ou seja, a cólera que sentira e que não pudera manifestar quando o fato realmente aconteceu se manifestava com toda intensidade no momento em que recordava e revivia o fato. A cólera que estivera represada até então foi posta completamente para fora. Depois que terminou de fazer todas as associações, a doente sentiu-se bem, pediu um jarro d'água e bebeu à vontade. O sintoma neurótico que a perturbava desapareceu completamente.

É importante que o leitor analise cuidadosamente os aspectos que este caso nos revela. O que se passou realmente? Em primeiro lugar vemos que a psicanálise realizou uma espécie de limpeza no psiquismo da doente, varrendo completamente os elementos que estavam perturbando os mecanismos de uma vida psicológica normal e conseguindo assim eliminar a confusão mental. Em segundo lugar, notamos que os sintomas mórbidos desapareceram quando a doente se recordou da ocasião em que os sintomas apareceram pela primeira vez, ou seja, quando ela conseguiu voltar atrás em seu passado e localizar o momento em que a causa de sua doença começou a atuar. Foi a própria doente que descobriu a origem do seu mal, naturalmente ajudada pelo psicanalista. Outro aspecto interessante que chama nossa atenção é o fato de que a recordação da causa da doença veio acompanhada de forte reação emotiva. Ao reviver aquela cena, a doente exteriorizou sua cólera que estava até então recalcada no inconsciente. Uma quarta observação que esse caso nos sugere é o fato de que o sintoma, ou seja, a recusa de beber água, estava sendo causado pela lembrança de um acontecimento que havia caído no esquecimento. Isso significa que a lembrança não podia ser recordada voluntariamente pela doente: ela não poderia se recordar conscientemente do que havia acontecido pela simples razão de que a lembrança não estava no consciente, mas sim no inconsciente. Portanto, somente a técnica psicanalítica poderia fazer com que a lembrança se tornasse consciente.

A partir dessas considerações, poderemos compeender agora o que permitiu a cura. A cura se deu pelo simples fato de a doente ter sido capaz de trazer de volta à consciência o acontecimento que havia produzido um traumatismo no seu psiquismo; o desabafo de cólera que acompanhou a recordação foi uma descarga afetiva de uma energia que estava represada e lutando para vir à luz do dia. A doente se curou quando descarregou a cólera que não pudera se manifestar no momento porque a censura não conseguira nem recalcar completamente o impulso instintivo, nem deixar que ele se manifestasse completamente. Se o impulso tivesse sido totalmente recalcado ou se tivesse podido se manifesar totalmente, é provável que os sintomas não tivessem surgido. Os sintomas se formam pela volta do impulso recalcado que tenta por todos os modos forçar sua saída.

Voltemos agora ao caso que descrevemos antes, da senhora viúva que tinha mania de limpeza e que não podia passar um minuto sem estar lavando alguma coisa. A esta altura, o leitor já percebeu que o primeiro passo que se deve dar a fim de esclarecer o caso só pode ser o de procurar saber qual foi a biografia daquela senhora, que coisas aconteceram em sua vida antes que se manifestasse aquela obsessão pela limpeza. A obsessão de limpar tudo é apenas um sintoma. As causas desse sintoma só podem ser encontradas nos fatos que caracterizam a vida da doente. Vejamos, portanto, qual foi a origem da obsessão.

Tinha perdido seu marido e ao mesmo tempo tinha um amante a quem amava apaixonadamente. Durante o período de tempo que decorreu desde a morte do marido até o aparecimento dos primeiros sintomas graves, ela costumava ir ao cemitério religiosamente uma vez por semana. Nunca deixava de fazer essas visitas ao túmulo de seu marido pois, como durante toda sua vida ele havia sido muito bom para ela, seria uma ingratidão e uma crueldade de sua parte deixar de prestar-lhe essa homenagem. Indo ao cemitério todas as semanas ela acreditava estar dando uma prova de sua dedicação à memória do morto. Pensando assim, o ato de visitar o túmulo tinha para ela uma importância toda especial. Ela achava, por exemplo, que durante essas visitas devia se encontrar num estado de completa pureza de alma e de total integridade moral. Não teria sentido para ela ir ao cemitério sentindo-se culpada de alguma falta, pois a nódoa de um pecado, qualquer que fosse, tiraria completamente a pureza daquela cerimônia de homenagem à memória do marido.

Pouco a pouco, essa preocupação de estar com a alma limpa e pura foi aumentando e se estendendo a outros setores. Ela passou a fazer questão de ir ao cemitério não só moralmente limpa, mas também fisicamente limpa. Daí nasceu uma preocupação com sua roupa e com sua aparência física. Ela procurava se vestir de uma forma perfeitamente correta e se preocupava com todos os detalhes, pois julgava que tinha obrigação de se apresentar diante do túmulo de seu marido com um corpo tão limpo quanto sua alma.

Essa situação durou cerca de oito anos sem sofrer qualquer modificação importante. Há dois anos, entretanto, a doente passou por uma crise sentimental terrível que transtornou seu equilíbrio nervoso. Ela adorava o amante e, no entanto, parecia que ele começava a fugir de suas mãos. Uma de suas amigas passou a atraí-lo e queria roubá-lo da viúva. Ela reagiu como pôde diante dessa ameaça a sua felicidade sentimental. Lutou desesperadamente para não perder o amante, fez tudo que podia para evitar que ele se afastasse e, finalmente, conseguiu derrotar a rival. Embora tivesse sido vitoriosa na disputa, saiu da luta alquebrada, sem ter em si mesma a confiança que tinha antes, na época em que era mais moça e atraente. Seu nervosismo e sua ansiedade aumentaram em proporção considerável. Com isso, as visitas que fazia ao cemitério passaram a desempenhar um papel ainda mais importante em sua vida, tornando-se um ato solene e de grande significação, que ela praticava com o máximo de escrúpulo e zelo.

Mais do que nunca, temia não estar suficientemente pura e limpa para comparecer ao cemitério. Apavorava-se com a idéia de que podia estar suja quando se aproximasse do túmulo: pensava que talvez sujasse a memória do marido. Apoderou-se dela um estranho pavor: sentia medo de, de repente, cuspir sobre as flores do túmulo.

A obsessão pela limpeza e o horror a sujeiras dominaram completamente seu espírito, como já é do conhecimento do leitor. No princípio ela tentou combater essas manias e fez tudo que podia para resistir: fez viagens, procurou se distrair etc. Nada adiantava.

Para cúmulo de seus males, o amante, que na verdade não queria mais saber dela, gastou toda a fortuna que ela havia herdado do marido, e quando ela se encontrava quase sem recursos, comunicou-lhe sua intenção de se casar com uma moça rica. Pode-se imaginar o desespero da viúva diante de acontecimentos tão desastrosos. A única coisa que a tranqüilizava e que lhe permitia viver era de fato sua própria doença. Freud dizia que o neurótico se refugia em sua doença e, nesse caso, podemos compreender o significado dessas palavras. Enquanto estava entregue às suas manias, enquanto estava mergulhada nos hábitos doentio, que havia adquirido e que repetia a cada minuto, a viúva ficava provisoriamente tranqüilizada e como que esquecida de seus problemas e sofrimentos. Ela se entregava assim à tirania daqueles hábitos automáticos e não tinha mais nenhum interesse em lutar contra eles.

Qual a explicação que se pode dar para essa neurose obsessiva, agora que já conhecemos a história da vida dessa mulher? Na realidade, o seu mal é um remorso obsedante. Sua idéia fixa com a limpeza das coisas é apenas um hábito enganador que veio substituir um sentimento mais profundo e perfeitamente compreensível. Os hábitos que ela havia adquirido só parecem absurdos quando não se vê a causa que os está produzindo. Na verdade a viúva se debatia num terrível conflito psíquico: por um lado, ela sentia por seu amante uma paixão ardente; por outro lado, sua educação moral e a lembrança de seu marido faziam-na considerar pecaminoso e vergonhoso o fato de ter um amante. Duas forças lutavam dentro dela, cada uma tentando liquidar completamente a outra, e a disputa entre essas duas forças eram a origem de todas as suas desditas. Ela não conseguia se decidir nem para um lado, nem para o outro: não tinha coragem suficiente para romper com o amante porque o adorava e queria viver com ele. Ao mesmo tempo não conseguia fazer calar a voz de seus princípios morais que a condenavam como pecadora.

Diante dessa situação, a saída que encontrou foi a de estabelecer uma conciliação entre essas duas forças opostas. Para satisfazer seus desejos sexuais, conservou suas relações com o amante; para satisfazer a voz de sua consciência passou a adotar uma pureza exterior mantendo limpos o seu corpo e os objetos que a cercavam, já que não podia manter limpa sua alma, tal como lhe era exigido pela consciência.

Cada um dos hábitos estranhos dessa senhora indicavam que ela estava dominada por um conflito psicológico profundo do qual não conseguia se libertar. Por que razão, por exemplo, ia todas as semanas, durante anos a fio, vistar o túmulo do marido? Por que motivo tinha um sentimento tão grande de fidelidade pela memória do morto? Uma viúva normal não seria capaz de se sacrificar tanto por mais que tivesse amado o marido em vida. O amor apenas não basta para explicar a freqüência e a regularidade daquelas visitas ao cemitério. Esse hábito doentio era causado por um sentimento de remorso muito intenso, o que nos leva a crer que a doente já tinha relações sexuais com o seu amante atual na época em que o marido estava vivo. As visitas ao cemitério representavam para ela uma compensação, um castigo que ela própria se impunha como punição pelo seu crime de ter traído o marido durante a vida de casada. Sua consciência moral condenava o adultério, e a viúva achava que só podia se redimir daquele pecado demonstrando uma extraordinária fidelidade à memória do marido. A fidelidade que demonstrava parecia provar aos seus olhos que de fato nunca tinha sido infiel ao marido.

A mania de limpeza também decorria do mesmo conflito moral em que se debatia a viúva. Imagine o leitor o que significaria para essa mulher o fato de contrair uma gravidez nas relações sexuais com seu amante. Já vimos que todo o esforço que ela fazia para ir semanalmente ao cemitério tinha por objetivo demonstrar a ela mesma e a todo o mundo que ela era uma senhora honesta e direita. Trata-se de um esforço para manter as aparências. Se ela tivesse um filho com o amante, todo esse esforço iria por água abaixo. O filho seria uma prova irrefutável de que ela não era uma senhora honesta, fiel à honra e à memória do marido. Em virtude do conflito moral que estava vivendo, nada poderia lhe causar mais pavor do que a idéia de ter um filho com o amante. Daí podemos concluir que ela devia praticar uma série de medidas anticoncepcionais para evitar a gravidez. As medidas anticoncepcionais visam, em última análise, impedir que o útero seja contaminado pelo esperma. Em outras palavras podemos dizer que a preocupação fundamental daquela senhora era com a necessidade de manter o útero limpo. Isso, levado a um grau extremo, explica duas coisas: por um lado, sua obsessão de manter-se integralmente limpa, evitando qualquer contato com as sujeiras que poderiam contaminá-la; por outro lado, a idéia fixa de que as coisas sujas eram as substâncias que saíam do corpo humano. Seu horror de ser contaminada pelo esperma foi se estendendo às outras substâncias que, como o esperma, saem do corpo humano.

Vemos assim que, para curar essa neurose, de nada adiantaria o psicanalista combater diretamente as limpezas meticulosas feitas pela doente. Essas limpezas são apenas um efeito de um conflito psicológico mais profundo. Seria preciso atacar o mal pela raiz, fazendo a doente tomar consciência do fato de que a obsessão por limpeza era apenas um substituto da obsessão do remorso que existia no fundo do seu inconsciente. Para curar-se, tinha de ter a coragem suficiente para trazer à tona e enfrentar face a face o grande sentimento de culpa que a atormentava e que ela procurava desconhecer. Em vez de fugir da realidade, refugiando-se na doença, tinha que enfrentar diretamente o remorso. Enquanto continuasse ocultando o remorso e substituindo-o pela mania de se sentir limpa, ela não poderia jamais se curar. A cura só poderia vir pela destruição de uma das duas forças que estavam em luta no seu psiquismo: ou ela destruía a paixão pelo amante, ou destruía os princípios de sua consciência moral. Só liquidando uma dessas forças a viúva poderia voltar a ter uma vida normal. Ao escolher entre uma das duas, ela quebraria os hábitos doentios e, em lugar daqueles comportamentos automáticos, ela passaria a agir conscientemente, seguindo a direção que tivesse preferido escolher.

Se quisermos definir em poucas palavras qual é a essência da cura pela psicanálise, diríamos que a tomada de consciência, permitindo a possibilidade de uma escolha, quebra o automatismo doentio: a tomada de consciência destrói os hábitos mórbidos ao reduzi-los à lembrança dos acontecimentos que lhes deram nascimento. Ou seja, a psicanálise cura ao transformar o inconsciente em consciente.

A histeria

A histeria é um dos tipos de neuroses que se manifesta das mais variadas formas. Um histérico tanto pode apresentar convicções aparentemente não justificadas como pode ficar repetindo monotonamente o mesmo gesto, como pode ficar paralítico, ou cego, ou surdo. Não é necessário aqui enumerarmos todos os sintomas da histeria. O importante para nós é mostrar que os contemporâneos de Freud, ao observar essas manifestações físicas dos histéricos, supunham que se tratava de pessoas que estavam se fingindo de doentes. Freud foi um dos primeiros a compreender que a histeria não é nem fingimento, nem uma doença orgânica, mas um distúrbio de natureza psíquica, causado por fatores psíquicos. Para compreendermos a importância dessas idéias, é melhor contarmos um caso de histeria e o modo como foi solucionado.

Arlete, de 34 anos, sofria de crises nervosas que tinham as seguintes características: sensação de sufocamento, contração do corpo, paralisia dos membros e perda dos sentidos. Em virtude dessas características a família e os médicos de Arlete pensaram que suas crises tinham uma causa orgânica. Ela foi medicada e submetida a várias intervenções cirúrgicas, fez hipnoses e estações de veraneio, tudo em vão: as crises desapareciam por algum tempo, mas logo depois voltavam com a mesma intensidade.

Que costumavam fazer os contemporâneos de Freud diante dos casos de histeria? A partir do momento em que ficava provado que os sintomas não tinham nenhuma causa orgânica, eles costumavam pensar que o histérico era um simulador, ou seja, uma pessoa que fingia estar doente apenas para se mostrar e atrair a atenção e os cuidados dos parentes e amigos. Acusavam os histéricos de estarem tentando enganar os outros e usando para isso toda sorte de artifícios.

Suponhamos, por exemplo, o caso de um histérico que apresentava o sintoma de paralisia do braço. Diante de um caso desses, um médico daquele tempo fazia simplesmente o seguinte. Pegava o braço do doente e provava que ele estava fingindo, pois o braço poderia se mexer, o que não aconteceria se ele estivesse realmente paralítico. Isso dava resultado até certo ponto: vendo que o braço se movia, o histérico se convencia e deixava de sentir aquele sintoma. Entretanto, dias depois aparecia outro sintoma: o histérico apresentava, por exemplo, tremores permanentes em alguma parte do corpo. O médico então, usava a mesma técnica, mas não conseguia solucionar o problema, porque em breve um outro sintoma aparecia. Isso demonstrava que o doente não tinha sido curado: o que estava havendo era apenas uma variação nos sintomas. Para Freud, isso significava que a causa dos sintomas continuava atuando e que o médico, ao extirpar um sintoma tinha apenas arrancado as folhas de uma planta daninha, em vez de ter arrancado a própria raiz do mal.

Para Freud, qual era a raiz do mal? Se o histérico não é apenas um simulador, é preciso que a raiz dos sintomas seja inconsciente. Isso quer dizer que na origem da histeria deve ter havido algum conflito psicológico que acabou sendo resolvido de forma incompleta por um ato de recalque. Deve ter havido algum processo psíquico inconsciente que recalcou alguma experiência afetiva dolorosa, ocorrida na vida do doente. O histérico não sabe qual é a causa do seu mal porque o que ele vê são apenas os sintomas: a causa está recalcada no inconsciente.

O que interessava a Freud, o que era importante para ele, era a descoberta dos impulsos afetivos que provocaram a histeria. A seus olhos, os sintomas histéricos podiam ser comparados aos sonhos. Da mesma forma que os sonhos, representam a realização disfarçada de um desejo recalcado. O que é preciso descobrir é esse desejo, pois enquanto ele permanecer oculto no inconsciente, os sintomas continuarão a se produzir indefinidamente. É por isso que quando se extirpa um dos sintomas logo aparece outro em seu lugar. Os complexos que produzem esses sintomas estão fortemente arraigados no psiquismo e é a eles que é preciso combater. O fato de que os neuróticos utilizam-se da doença para nela se refugiarem torna-se bastante compreensível quando entendemos que os sintomas, nos quais o doente se oculta do seu verdadeiro drama, lhe trazem uma certa satisfação, pois, como vimos, os sintomas são uma espécie de realização de um desejo recalcado.

A histeria apresenta um outro aspecto que, aos olhos de Freud, é mais importante ainda. Trata-se do fenômeno que Freud chamou de mecanismo da conversão. O que explica completamente a histeria é, assim, o fato de que a energia afetiva recalcada não permanece o tempo todo somente como energia psíquica. Ela sofre uma transformação que ocorre quando se converte em um sintoma físico. O mecanismo de conversão a que Freud se refere é essa transformação por que passa a energia psíquica ao se converter em fenômenos físicos como paralisia, tremores, contrações etc. As coisas se passam como se os processos psíquicos represados no inconsciente acabassem encontrando uma porta de saída no corpo. A cegueira histérica, por exemplo, não é uma cegueira orgânica verdadeira, mas apenas um processo psíquico recalcado que se converteu num fenômeno corporal. A descoberta desse mecanismo constitui uma das principais contribuições feitas por Freud à teoria da histeria.

Dadas essas explicações, já podemos compreender melhor o verdadeiro significado do caso de Arlete, a moça histérica cujos sintomas descrevemos. Como o leitor deve se recordar, Arlete apresentava uma série de sintomas orgânicos: sensação de sufocamento, contração do corpo, paralisia dos membros, perda dos sentidos. A natureza dos sintomas levou os médicos a submetê-la a uma série de intervenções cirúrgicas. Entretanto, segundo a teoria da conversão que expusemos acima, o leitor já deve ter percebido que a doença de Arlete era produzida provavelmente por causas psíquicas. Para descobrir essas causas, não há outro recurso senão usar as técnicas da psicanálise, tais como a livre associação e a interpretação dos sonhos, técnicas que nos permitem descobrir o passado da doente. No passado é que devem estar os motivos capazes de explicar o estado atual da moça. Vejamos, portanto, qual é a história de Arlete.

Partindo da análise dos sonhos da moça, o psicanalista acabou descobrindo que ela sofrera um profundo choque emocional 27 anos atrás. Quando tinha apenas sete anos de idade, Arlete costumava ficar brincando numa praia pouco freqüentada que havia perto de sua casa. Certa vez, ela estava sozinha se distraindo com suas brincadeiras de criança quando apareceu perto dela um homem completamente despido. Ele estava tomando banho de mar sem roupa e quando saiu da água se encaminhou na direção da menina. Assustada com aquela visão, a menina não conseguiu sair de onde estava, paralisada pelo medo. O homem aproximou-se então, e aprisionou a menina em seus braços, segurando-a pelos punhos. A seguir, obrigou-a a se deitar na areia e quando conseguiu isso deitou-se sobre ela para possuí-la. Ela não podia fazer nada para se esquivar, pois o homem, muito mais forte do que ela, mantinha-a imobilizada segurando-a com as duas mãos em volta do pescoço. Durante todo o tempo que durou a cena, a sensação mais profunda que Arlete experimentava era a sensação de que estava sendo estrangulada. A impressão que a dominava era a idéia de que havia perdido o corpo e a única coisa que lhe restava era apenas a cabeça.

Sua família jamais suspeitou que esse fato tivesse ocorrido. Quando interrogados, a respeito, a única coisa de que os parentes se lembravam era que, de fato, com 7 anos Arlete tinha sido atacada de uma forte febre, acompanhada de delírio, sem que os médicos tivessem descoberto a causa.

Outros sonhos e associações de idéias, em que a cabeça do pai aparecia misturada com a cabeça do homem que violentou a menina, acabaram revelando ao psicanalista que Arlete se recordava de um traumatismo ainda mais antigo do que o que sofrera na praia. Quando tinha cinco anos, ela estava brincando com seu pai numa cama e, a certa altura foi tomada de pavor. Começou a se debater e a dizer nervosamente que havia segurado nos cabelos. De fato, durante a brincadeira, seus dedos tinha tocados nos pêlos do púbis do pai. Isso a assustara, e como não sabia o que era, chamava de cabelos. A palavra cabelos se associava à dolorosa experiência que vivera na praia, razão pela qual a cabeça de seu pai aparecia em seus sonhos misturada com a cabeça do homem que a violentara.

Todos esses fatos reunidos explicam perfeitamente a histeria de Arlete. Compreende-se por que razão suas crises de histeria apresentavam aqueles sintomas: paralisia do corpo, exceto da cabeça, sensação de sufocamento etc. Vê-se que os sintomas estavam ligados aos conflitos psíquicos intensos que, desde a infância, não a abandonaram até a idade de 34 anos. Depois de se submeter ao tratamento, quando sua saúde começou a melhorar, Arlete pôde finalmente dizer: "Sem a psicanálise, eu não teria conhecido, em toda minha vida, um só momento de felicidade".

Considerações finais

As psicoses são distúrbios psíquicos mais graves e mais complicados do que as neuroses. No entanto, como não vamos nos ocupar aqui do seu estudo, queremos dar ao leitor uma breve explicação a respeito delas. O motivo que nos leva a omitir o problema da psicose é o fato de que o próprio Freud não se dedicou a estudar demoradamente a questão. Na verdade, seu interesse convergiu mais para os temas já expostos neste livro. É fácil compreender por quê. Há uma série de fatores de natureza orgânica que precisam ser levados em consideração quando estudamos a psicose. De modo geral, o aspecto mais importante ·das psicoses é representado por suas causas orgânicas. Acontece, porém, que Freud sempre se mostrou mais interessado em estudar os fenômenos psíquicos que apresentavam uma origem e um desenvolvimento exclusivamente psíquico. No estudo da psicose, ao contrário, não podemos apenas nos restringir aos processos psíquicos, pois os processos de natureza orgânica são também de fundamental importância. Assim sendo, talvez não haja exagero em concluirmos que o problema da psicose situava-se fora da "especialidade" de Freud. Além disso, se fôssemos tratar aqui das psicoses, este livro, se tornaria demasiado cansativo e longo para o leitor que deseja apenas ter uma idéia geral da obra de Freud.

Outra lacuna que se apresenta no livro é o fato de não abordar as concepções de Freud sofre a arte e a religião. Embora essas teorias tenham representado um papel importante na evolução cultural do século XX, não nos animamos a expô-las aqui porque as consideramos, até certo ponto, resultado da aplicação das idéias gerais de Freud aos problemas específicos da arte e da religião. Acreditamos sinceramente que o leitor, munido das idéias aqui expostas, já se encontra perfeitamente em condições de ler os trabalhos escritos pelo próprio Freud a respeito de arte e religião. Nesses escritos, Freud se serve principalmente das teorias e dos esquemas de interpretação que já são do conhecimento do leitor, e é esse o objetivo deste livro: dar ao leitor a preparação necessária para que possa empreender a leitura de obras de maior fôlego.

SEGUNDA PARTE
AS IDÉIAS DE FREUD

A vida de Freud

Que tipo de homem era Freud? Que forças o impulsionaram a agir, pensar e sentir de modo a tornar-se um dos vultos mais discutidos do nosso século? Perguntas como essas foram formuladas por um dos discípulos de Freud, Erich Fromm. Vejamos como ele próprio as respondeu:

> A força mais notável e provavelmente de maior intensidade emocional em Freud foi sua paixão pela verdade e sua fé inquebrantável na razão. Para ele a razão era a única capacidade humana que podia nos ajudar a resolver o problema da existência ou, pelo menos, a diminuir o sofrimento que faz parte da vida humana.
> A razão ---- tal como a concebia Freud ---- é o único instrumento, ou a única arma que temos para dar sentido à vida, para nos libertarmos das ilusões (entre as quais se encontravam as crenças religiosas), para nos tornarmos independentes das autoridades que nos asfixiam e, por conseguinte, para implantarmos a nossa própria autoridade. Esta fé na razão foi a base de sua incessante procura da verdade, a partir do momento em que vislumbrou uma explicação teórica para a complexidade e a multiplicidade dos fenômenos observáveis. Mesmo que chegasse a resultados que deveriam parecer absurdos do ponto de vista do sentido comum, isso não preocupava Freud. Pelo contrário, as pessoas zombeteiras, cujo pensamento está determinado pelo desejo da comodidade e do sono tranqüilo, não faziam outra coisa senão acentuar a diferença entre convicção e opinião, razão e sentido comum, verdade e sublimação.

O lema que parecia impresso na personalidade de Freud era: *Atreve-te a saber.*

O começo

Freud nasceu em 6 de maio de 1856, em Freiberg, Moravia. Sua família era de origem judaica e emigrou para a capital da Áustria quando Freud contava 4 anos de idade. Desde essa época até pouco antes de sua morte, exatamente durante 78 anos, pemaneceu residindo em Viena, onde completou sua educação e realizou os estudos e pesquisas que o tornaram mundialmente famoso.

Mesmo em sua juventude, Freud nunca sentiu nenhuma inclinação especial para o estudo das ciências médicas. Não queria ser um médico e sim um pesquisador científico.

Mas uma série de circunstâncias, entre as quais razões de ordem econômica, levaram-no a matricular-se na Faculdade de Medicina da Universidade de Viena, em 1873. Um dos motivos que o levaram a tomar essa decisão foi a forte influência exercida sobre seu espírito pela leitura da obra de Goethe, *A natureza.* Talvez devido a isso, seus estudos preliminares se orientaram principalmente para a botânica e a química. Nessa época, ainda estava longe de se revelar o grande psicólogo em que iria se converter aquele jovem e promissor estudante de medicina.

Entretanto, desde então já se sentia mais atraído pelas questões que dizem respeito aos seres humanos do que pelos estudos referentes ao mundo material. De fato, revelava pouco talento para a matemática e para a física.

Enquanto prosseguia em seus estudos de medicina, deixou-se fascinar pelas pesquisas de fisiologia que eram levadas a cabo no laboratório fisiológico dirigido pelo Dr. E. W. von Brucke. De 1876 a 1882, Freud trabalhou com este especialista e depois no Instituto de Anatomia, sob a orientação de H. Meynert.

Em 1881 concluiu o seu curso de medicina e teve então que enfrentar o problema de saber a que profissão iria realmente se dedicar. Não sabia se continuava trabalhando como pesquisador teórico ou dedicava-se à prática da medicina.

Entretanto, os motivos de ordem financeira deixavam a Freud uma estreita margem de liberdade para escolher sua profissão. Tendo em vista o fato de que a tese que havia defendido na ocasião de sua formatura versava sobre o sistema nervoso central, Freud achou preferível continuar nessa direção, resolvendo então tornar-se um clínico especializado em neurologia, trabalho que lhe daria os recursos econômicos de que necessitava.

Foi assim que durante vários anos trabalhou numa clínica neurológica para crianças, onde se destacou por ter descoberto um tipo de paralisia cerebral que mais tarde passou a ser conhecida pelo seu nome. Durante o mesmo período, escreveu um livro importante sobre afasia. Em 1885, tornou-se professor assistente de neurologia na Universidade de Viena, sendo nomeado professor efetivo em 1902.

Mas o ano de 1884 é o que marca a data decisiva para o futuro profissional de Freud. Foi nesse ano que sua vida adquiriu realmente uma nova direção e um novo impulso, fazendo com que, daí por diante, Freud viesse a ser cada vez mais um psicólogo e cada vez menos um neurologista.

Com efeito, em 1884, um médico vienense chamado Josef Breuer narrou a Freud os resultados de suas extraordinárias experiências. Ele havia conseguido curar sintomas graves de histeria fazendo com que o doente, submetido ao sono hipnótico, conseguisse recordar-se das circunstâncias que deram origem à sua moléstia e expressasse as emoções vividas naquelas circunstâncias. As experiências de Breuer são conhecidas pela denominação de "método catártico" e constituíram o ponto de partida para o desenvolvimento posterior da psicanálise.

Em 1885, Freud foi a Paris a fim de fazer um curso com o grande neurologista francês J. M. Charcot. Este encontro em Paris representava para Freud um grande acontecimento e um estímulo moral favorável ao prosseguimento de suas pesquisas com Breuer, pois Charcot também pensava, como os dois vienenses menos famosos, que a histeria devia ser tratada de um ponto de vista psicológico e não como uma doença de natureza orgânica.

É fácil imaginar o entusiasmo com que Freud seguiu para Paris a fim de ouvir as exposições do grande Charcot, que, como ele, tivera a audácia de desafiar as concepções da esmagadora dos médicos sobre a histeria. Uma decepção, entretanto, aguardava Freud. Ao chegar a Paris, não demorou a descobrir que Charcot não era tão corajoso e tão progressista como havia imaginado. Na verdade, Freud era o mais revolucionário de todos os psicólogos da época, e isso certamente iria convertê-lo no gênio isolado e incompreendido que foi durante quase toda a sua vida. Como já tinham feito tantos outros colegas, também Charcot desaprovou as idéias de Freud e não se interessou pelas descobertas que tinha realizado em Viena, juntamente com Breuer.

Voltando para Viena, Freud decidiu prosseguir na direção em que se havia lançado, já agora sem se preocupar com as opiniões que o condenavam. Continuou a fazer experiências com Breuer usando ainda o método básico de hipnotizar o paciente para obter as preciosas informações sobre os conflitos inconscientes. De sua colaboração com Breuer resultou o livro que ambos começaram a escrever em 1893, intitulado *Estudos sobre a histeria,* publicado em 1895.

Pouco tempo depois, Freud conseguiu dar o passo decisivo e original que abriu extraordinárias perspectivas para o desenvolvimento da psicanálise. Esse passo foi dado no momento em que Freud abandonou a hipnose e a substituiu pelo método das livres associações.

Graças ao novo método que passou a empregar, Freud passou a dispor de um poderosíssimo instrumento para penetrar nas regiões mais obscuras do inconsciente, o que constitui o objetivo fundamental da chamada psicologia de profundidade. Foi exatamente por esse caminho que Freud chegou finalmente a formular sua extraordinária descoberta a respeito dos processos psíquicos inacessíveis à consciência.

A existência dessa região do espírito chamada inconsciente sempre foi suspeitada pelos poetas e filósofos de todos os tempos, mas Freud teve o mérito de ter sido o primeiro a descobrir o instrumento capaz de atingi-la e de explorá-la em sua essência. No entanto, apesar de sua fundamental importância, essa descoberta não teve na época a mesma repercussão alcançada pela teoria da sexualidade infantil, que atraiu sobre Freud o ódio de seus contemporâneos e fez com que dele se afastasse seu antigo amigo e colaborador, Breuer.

Durante dez anos, Freud trabalhou sozinho no desenvolvimento da psicanálise. Em 1906, juntou-se a ele um certo número de colegas, entre os quais seus famosos discípulos Adler, Jung, Jones e Stekel, que, em 1908, se reuniram no primeiro Congresso Internacional de Psicanálise. Dois anos mais tarde, o grupo fundou a Associação Internacional Psicanalítica, com sucursais em vários países. Tais medidas eram decorrentes da constante preocupação de Freud com a necessidade de divulgar mundialmente os resultados científicos obtidos em Viena.

Durante toda sua vida Freud foi vítima da hostilidade pública que suas idéias despertaram. A maior parte dos ataques lançados contra ele vinha dos próprios cientistas que, indignados com as novas idéias, tudo fizeram para destruí-lo e desmoralizá-lo. Em sua luta contra o espírito conservador, agarrado às velhas teorias, Freud viajou por vários países, dando cursos e fazendo conferências, a fim de conquistar a simpatia das pessoas para suas importantes descobertas que eram consideradas imorais e anticientíficas.

Não poucas vezes os ataques que lhe faziam asssumiam um caráter pessoal, chegando ao ponto de insultos e injúrias. Para desfazer os efeitos dessas campanhas, Freud percorreu universidades européias e norte-americanas, expondo seu pensamento para os círculos intelectuais desses países. A paciência e a perseverança com que realizou o cansativo trabalho de divulgação de suas idéias demonstraram que Freud amava a ciência e a verdade mais do que seria capaz um cientista comum. Para ele, ser cientista não era ter uma profissão burocrática como outra qualquer. Ser cientista significava a seus olhos o dever de dedicar-se com profundo empenho à luta pela verdade, em qualquer campo que essa luta se mostrasse necessária. Os dias finais de sua vida iriam confirmar, uma vez mais, que Freud estava certo ao tentar divulgar tanto quanto possível as descobertas que havia realizado.

O fim

Freud nunca se sentiu derrotado por seus inimigos. No fundo, restava-lhe sempre a certeza de que sua teoria era capaz até mesmo de explicar por que razão o combatiam tanto. Na verdade, segundo pensava Freud, a sociedade reagia defendendo-se porque não lhe restava outra saída senão temer e tentar destruir aquele homem que estava disposto a revelar toda a lama e a sordidez contidas no inconsciente social. Para Freud, era natural que a sociedade reagisse às suas idéias, pois de fato ela sempre reage a todo progresso revolucionário que venha contrariar os hábitos de pensar e de agir tradicionais.

Seus últimos anos de vida coincidiram com a expansão do nazismo na Europa. Durante 16 anos, até sua morte, sofreu de câncer na boca, sendo que nos seis últimos anos passou a ser permanentemente atormentado

Pago o resgate, Freud pôde mudar-se para a Inglaterra, onde veio a morrer um ano depois, em 23 de setembro de 1939. Dos seis filhos que deixou, apenas um, Ana Freud, seguiu a profissão do pai. Para a humanidade, o legado de Freud foi imenso, abrangendo campos tão variados quando a psicologia, a medicina, a sociologia, a arte e a educação. Dificilmente um homem tão combatido por seus semelhantes fez tanto por eles quanto Sigmund Freud. Sua vida é uma das glórias atuais da espécie humana. Mas é também uma denúncia contra nossa incapacidade para reconhecermos prontamente onde está a verdade e a justiça.

pela perseguição que os nazistas moveram contra ele. Em 1933 os nazistas queimaram seus livros em praça pública, dizendo que o que eles continham não era mais do que uma "pornográfica especialidade judaica". Todos os seus bens foram confiscados, inclusive a casa editora em que trabalhou durante tantos anos. Até sua biblioteca particular foi queimada.

Não obstante, Freud se recusou a fugir. Morou durante 42 anos na mesma rua, na mesma casa. Seus parentes e os amigos que tinha no mundo inteiro insistiram para que abandonasse o país. Entretanto, acostumado a lutar, Freud lhes respondia: "A Áustria é minha pátria, devo permanecer."

Um anos antes de morrer, ao regressar do tratamento radioativo que fazia duas vezes por semana, encontrou oficiais da Gestapo em sua casa. Os nazistas haviam proibido ao velho Freud de 81 anos que continuasse a trabalhar. Não poder mais pensar, produzir e criar era exigir de Freud o humanamente impossível. Foi então que resolveu asilar-se na Inglaterra.

A essa altura, entretanto, os nazistas exigiram um resgate. Tinham confiscado o seu passaporte e só o devolveriam mediante o pagamento de uma alta soma em dinheiro que Freud não possuía. Os círculos psicanalíticos nos Estados Unidos conseguiram angariar recursos. Mas a soma estipulada para o resgate era exorbitante e o montante levantado era insuficiente. A princesa Maria Bonaparte, esposa do Rei Jorge da Grécia, ofereceu-se para completar o que faltam com 250 mil xelins, que possuía depositados num banco de Viena.

Percebendo que Freud tinha amigos e admiradores que correram em seu socorro, os nazistas resolveram explorar a situação e passaram a exigir uma quantia ainda maior. Foi preciso a intervenção do presidente Roosevelt junto ao embaixador alemão para evitar que mais essa suja chantagem fosse consumada contra o velho cientista.